할머니 텃밭에서 가꾼 소박한 자연정원

이것도 기르는 거예요

목차

서문 6

겨울
나의 첫 공간은 상추밭 12
깻잎 밭에서 풀밭정원으로 15
삼백초밭에서 숲정원으로 18
시작을 위한 숲정원 정리 21

초봄
숲정원의 작은 존재들 26
설강화 32
황량한 들판 36

봄
숲정원이 가장 예쁜 순간 40
땅속에 작은 전구들 52
숙근쥐손이풀 예찬 59
깨어나는 풀밭정원 64
씨앗으로 움직이는 자들 71

초여름
시선은 풀밭정원으로 78
초여름의 새풀 85
남아있는 숲정원의 여운 89
오묘한 양치식물들 95
풀은 뽑아야 할까 101

한여름
무성한 초록 106
예쁘지만 너무 커다란 식물들 113
숲정원에 멋진 잎 118
식물은 여름에 죽는다 124
여름의 끝 선선한 바람 128

가을
들국화의 계절 134
기다렸던 가을 새풀 139
다시 숲정원 146
찬 바람이 부는 늦가을 151

마치며 156

정원에서 자라는 식물들 159

"이것도 심게?"

"네, 이것도 기르는 거예요.
그러니 뽑지 마세요."

서문

 이 책의 제목인 '이것도 기르는 거예요'는 할머니와의 대화에서 제가 자주 쓰는 말입니다. 자연정원을 공부하면서 가져다 심는 식물들은 할머니가 밭에서 뽑아버리는 풀들과 크게 다르지 않아, 언제나 할머니는 제가 심으려고 가져온 식물들을 검사합니다. 어떤 식물은 정말로 마음에 안 드셨는지 "이것도 심게?"라고 물으셨고, 제 대답은 언제나 "이것도 기르는 거예요". 물론 뒤에는 "그러니 뽑지 마세요"가 이어지고요. 이 책은 그렇게 제가 할머니의 텃밭에서 자연정원을 공부하며 경험했던 식물들과 생각에 관한 기록입니다. 글을 적으며 돌아보니 2018년부터 화순에 식물을 심고 가꾸기 시작했었네요.

 저는 정원사란 '자신이 가꾼 정원을 끊임없이 자랑하고 싶어 하는 자'들이라고 생각하는데, 화순의 정원은 우리 가족 외엔 아무도 찾아오지 않는 동떨어진 공간입니다. 그곳에서 일어나는 일을 누군가에게 직접 자랑할 수는 없었고, 안타까운 마음만 쌓여

갔습니다. 결국 그 마음을 담은 글을 SNS에 올리기 시작했고, 그 글이 쌓여 책으로 나오게 되었습니다.

제가 처음 정원에서 흙을 만지고 수선화를 심어보았던 날이 2013년. 정원에서 보낸 날은 그리 길지 않았고 여전히 배워야 할 것이 많이 남아있습니다. 그러나 좀 더 시간을 보내고 나면, 지금 바라보는 것과는 분명히 다른 방향으로 정원을 대하고 있을 테니, 단지 이 순간에만 할 수 있는 이야기가 있겠죠. 각각의 정원은 모두 다르고 고유하므로, 이 글에 들어 있는 모든 이야기와 제 경험이 다른 공간에서 그대로 적용되지는 않을 겁니다. 그래도 분명 작은 도움은 될 수 있으리라는 믿음과 기대를 품어 봅니다.

저는 지금 화순에서의 경험을 높게 평가해 주시는 좋은 분들을 만나 제주로 자리를 옮겼습니다. 할머니의 텃밭을 모두 합친 것보다도 크고 드넓은 새로운 정원에서 하루하루를 즐겁게 보내고 있습니다. 무엇보다도 좋은 건, 이 공간은 누군가 찾아올 수 있는 정원이라는 점입니다.

언젠가 제가 가꾸고 있는 이 공간을 찾아오시게 된다면 함께 걷고 이야기 나누도록 해요. 그날을 위해 잘 준비하고 기다리고 있을게요.

오동수

일러두기

- 식물 이름은 자생 식물의 경우 국가표준식물목록을 따랐습니다.

- 자생 식물이 아닌 경우 보통 널리 쓰는 유통명 혹은 외국의 일반명을 적절히 번역하여 옮겨 적었습니다. 표현하지 못한 일부 식물은 학명을 그대로 발음하여 적었습니다.

- 본문에 나오는 식물의 학명은 책의 뒷부분에 모아서 정리해 두었습니다.

- 계절은 장소마다 다르게 찾아오므로 첫서리 이후를 겨울, 매화가 필 무렵은 초봄, 벚꽃이 필 무렵은 봄, 산딸나무가 필 무렵부터 초여름, 배롱나무가 필 무렵부터 한여름, 석산이 필 무렵이 가을이라고 생각하며 글을 정리했습니다.

겨울,
첫서리 이후

겨울

나의 첫 공간은 상추밭

텃밭 입구와 가장 가까운 자리, 지금은 밭의 흔적을 찾을 수 없고 연한 갈색으로 물든 새풀과 여러해살이풀이 겨울 추위도 아랑곳없이 꼿꼿하게 서 있습니다. 오랜 시간을 보낸 모든 해에 많은 일이 벌어졌던 장소로 저는 이곳에서 새로운 식물들을 조금씩 키워나갔습니다.

상추밭이었던 이곳은 할머니의 텃밭 중 가장 처음 제게 주어진 공간입니다. 식물을 심고 싶다는 손자의 말에 할머니께선 본인이 가꾸시던 밭 중 가장 좋은 밭을 내어주었습니다. 마침 이제 몸이 힘들어서 밭을 줄일 참이었다고 그러니 잘됐다고 말씀하시고는, 본인이 이곳에 자갈을 얼마나 골라내고 황토를 가져다 새롭게 붓고 한약재 부산물을 얼마나 발효시켜 넣었는지 말하는 목소리에서 얼마나 이 장소를 아꼈는지 알 수 있습니다. "여기서는 뭘

상추밭 전경

길러도 잘 자랄 거야. 그러니까 너 해보고 싶은 거 다 해봐."라는 응원의 말도 함께 건넸습니다.

상추밭은 북쪽에 단풍나무, 서쪽에 오갈피나무가 자라고 있으며 이들은 오래전에 삼촌이 심어둔 나무입니다. 그 나무들이 둘러싸고 할머니가 가장 공들여 관리한 이곳에서 제 첫 정원이 시작되었습니다. 상추밭은 작았지만, 오갈피나무가 만들어 주는 그늘 덕분에 햇빛과 그늘을 좋아하는 식물을 모두 기를 수 있었습니다.

처음엔 심은 식물이 많지 않아서, 파와 옥수수가 수확 때까지 함께 자라던 기억이 있습니다. 또 새롭게 심은 아이들 사이로 상추가 돋아나 자랐습니다. 당시에는 풀을 뽑지 않고 정원을 유지하는 방법에 한창 빠져있어서, 자라는 상추를 뽑지 않고 길러서 맛있게 먹었네요.

상추밭에 식물은 대부분 사라졌지만, 산달래는 여전히 남아 봄이면 새롭게 올라옵니다. 올라오는 달래를 가만히 내버려 둘 수 없는지, 할머니는 자꾸 심어둔 식물을 건드리면서까지 달래를 캐냈고, "할머니가 방금 뽑은 그게 여기 있는 달래를 다 합친 것보다 비싼 아이예요"라는 거짓말을 보탰지만, 그 걸음을 막을 수는 없었습니다.

할머니 말씀대로 식물들은 무럭무럭 잘 자랐고, 첫해에는 헬레니움이 2m 가까이 자라 쓰러졌고 가지각색의 식물들이 엉망진창으로 뒤섞여 자랐습니다. 그렇게 기르는 식물들은 점차 숫자가 늘어났고, 지금은 제 정원 이곳저곳에 그리고 다른 분들의 정원에까지도 많이 옮겨졌습니다. 지금은 미처 옮기지 못한 식물들이 자기 차례를 기다리며 자라고 있습니다. 거처를 옮긴 탓으로 화순을 자주 찾지 못해 다시 밭으로 사용하자고 했지만, 그동안에 할머니는 옆에 있던 공간을 새롭게 일궈서 또 좋은 밭을 만들어 놨으니 괜찮다고 말씀하십니다.

이 공간엔 그동안 할머니가 좋아하던 식물들을 가져다 심어야겠습니다.

겨울

깻잎 밭에서 풀밭정원으로

 겨울의 풀밭정원은 전체적으로 생기 없는 연한 갈색으로 그 사이에 꽃이 피었던 식물들은 일부 진한 검은색으로 남았습니다. 동그라미, 직선, 지그재그, 들여다보면 이들은 다양한 모습을 지녔고, 그조차도 높낮이가 달라 심심하지 않습니다. 이곳은 원래 깻잎을 기르던 밭이었습니다. 땅을 가리는 나무가 하나도 없기에 온종일 햇빛을 받을 수 있는 공간으로 새풀을 키우기에 좋은 환경입니다. 하지만 땅이 조금 이상합니다. 자갈이 많이 섞인 진흙. 비가 오면 물이 며칠씩 고여 빠지지 않고, 비가 그치면 땅이 갈라지는 곳입니다.

 할머니가 처음 텃밭을 일구기 시작할 때는, 이 주변의 땅이 전부 이런 토양이었다고 했습니다. 상추밭처럼 땅 일부분을 골라 고슬고슬한 흙을 좋아하는 식물을 길

깻잎밭에서 자라는 새풀

렀고, 이곳까지 손쓰기가 어려워 들깨를 심으셨다고 합니다. 할머니는 "들깨는 춤(침)만 뱉어 심어도 살 수 있는 식물이라 여기서도 잘 자란다"라고 하셨습니다. 상추밭이 좁아져 공간이 좀 더 있으면 좋겠다고 깻잎 밭을 조금만 떼주면 안 되겠냐고 물었더니, 할머니는 거기서 뭘 기르겠냐는 표정이었습니다.

이곳의 토양은 물 빠짐이 좋지 않아 습한 토양을 싫어하는 샐비어 네모로사나 모나르다, 심지어는 수선화도 기를 수 없었습니다. 정원사든 농부든 '안 좋은 토양'이라고 말할 수밖에 없는 상태지만, 이런 곳에서도 어떤 식물들은 살아갑니다.

이 계절의 분위기를 지배하는 큰개기장은 마치 원래부터 제자리인 것처럼 잘 자랍니다. 그 사이로 보이는 개미처 '진다이'와 향등골나물은 겨울임에도 남아있는 모습이 매우 멋집니다. 지금 보이는 것은 몇 종류지만, 봄부터 가을까지 이어지는 생장기 동안 이곳은 다양한 식물이 등장했다 사라지는 그런 공간이 되었습니다.

이 계절의 변화는 매우 느리게 일어납니다. 검게 남아있던 줄기의 색마저 갈색으로 변하고 구조는 조금씩 바스러져 쓰러집니다. 여전히 햇빛을 통과시키는 새풀의 이삭이 멋지지만, 정원사마저 이 변화를 느끼기 어려워 정원을 찾아가는 일도 머무는 시간도 매우 적어집니다.

그러나 하얀 눈은 단 한 번으로 극적인 변화를 이끕니다. 아무도 밟지 않고 소복하게 쌓인 눈은 이 공간을 정원이 아닌 것처럼 보이게 합니다. 동쪽과 서쪽에 양쪽으로 산이 있어 겨울이면 빛이 비추는 시간이 매우 부족하고, 그래서인지 눈은 쉽게 녹지 않습니다. 큰 눈이라도 지나고 나면 키 작은 새풀은 파묻혀 버리고 회복하지 못합니다. 그런데도 그 속에는 봄에 새롭게 자랄 싹들이 잘 기다리고 있습니다.

겨울

삼백초밭에서 숲정원으로

　삼백초밭을 바꿔 만든 숲정원은 겨울에도 여전히 녹색으로 남은 식물을 조금은 볼 수 있습니다. 그러나 이곳에도 갈색 구조로 남은 식물들이 많고, 키가 작은 식물들은 대부분 사라지거나 낙엽에 가려 보이지 않습니다. 여기에도 삼촌이 오래전에 심었던 단풍나무와 배롱나무 그리고 음나무가 크게 자라고 있습니다. 이들이 여름이 되면 햇빛을 충분히 가려주기에 그 아래에서는 그늘을 좋아하는 식물들이 건강하게 자랄 수 있습니다.

　삼백초밭은 원래 몇 가지 약초를 심어둔 곳이었지만, 삼백초가 너무 번진 탓에 손을 쓰지 못하고 오랫동안 방치되었습니다. 그래서 다른 곳과 달리 정원으로 바꿔보고 싶다는 말이 받아들여지는 데는 오

삼백초 밭 전경

래 걸리지 않았습니다. 나무들이 만드는 그늘을 따라 자연스럽게 걷고 다니던 길을 그대로 둔 채, 삼백초만을 캐내고 정원으로 만든 탓에 공간은 전체적으로 부드럽게 휘어진 모습입니다. 그러나 몇 년이 지났음에도 봄과 여름이면 여전히 삼백초 뿌리가 남아 사방에서 솟아나는 게 조금 골칫거리입니다.

처음에 옮겨 심었던 관목들은 좀 더 트인 공간이 필요해 많이 없앴습니다. 지금은 몇 가지 관목만 남았고 바꾼 모습이 훨씬 마음에 듭니다. 까마귀밥나무의 빨간 열매는 겨울에도 일부 남아 눈길을 끕니다. 우리나라 산 가장자리에서 쉽게 만날 수 있는 작은 관목으로 양지에서 음지까지 어디서든 자랍니다. 자라는 속도가 빨라 매년 봄마다 가지 몇 개는 완전히 잘라 정리하지만, 빠르게 다시 자라나 멋진 모습으로 회복합니다. 주변 삼지구엽초 잎 위로 가지가 길게 자라는 모습이 보이면 그때가 가장 보기 좋지만 이보다 더 크게 둘 수는 없어서 다시 작게 자릅니다.

갈색으로 변한 수국꽃은 겨울 정원에서 빼놓을 수 없습니다. 햇빛이 통과되는 모습이 얼마나 아름다운지 지금은 두 종류의 수국이 정원에서 지내고 있지만, 나무나 돌을 감싸며 자라는 등수국도 정원에서 자라는 모습을 보고 싶습니다. 그러나 번번이 실패, 이 정원에 오기 전에는 번식도 제법 해서 주변 사람들에게 선물도 했었는데 여기서는 잘 자라질 못하고 있습니다.

겨울

시작을 위한 숲정원 정리

 가장 큰 1월의 추위가 지나가도 여전히 세상은 얼어붙어 있지만, 분명히 봄은 다가오고 있습니다. 숲정원 식물들은 정원사가 따뜻함을 느낄 땐 이미 모두 모습을 드러내니, 그 전에 해야 할 일들을 끝마치는 것이 좋습니다. 마침 이맘때면 그동안의 추위에 쉼이 길었던 정원에서 오랜만에 시간을 보내고 싶기도 합니다.

 헬레보루스 종류나 사초 종류 그리고 양치식물들은 겨울 끝에서 여전히 자르기 아까운 모습으로 남아있으나 모두 자릅니다. 특히 꼭 하나, 삼지구엽초 종류는 절대 잊지 않고 자릅니다. 다른 식물들은 지난해에 난 잎을 밀어내고 자라기도 하지만, 삼지구엽초 종류는 어린싹과 새 꽃이 피는 순간까지도 남겨진 잎이 쓰러지지 않고 남아있어 자르지 않으면 올해 새롭게 시작되는 모습을 볼 수 없을지도 모릅니다. 유럽에서 자라는 앵초 종류와 아룸은 가을부터 새로운 잎이 돋아난 것이기에 자르지 않습니다. 이들의 잎은 분명히 생기가 돌아서 많이 상한 탓에 잘라야하는 초록 잎과 쉽게 구별됩니다.

풀을 정리하는 날에는 나무도 함께 다듬습니다. 숲정원 바닥에서 자라는 식물들은 직사광선을 살짝 가려주는 정도의 밝은 그늘에서 가장 좋은 모습을 보여주고, 나무가 원하는 만큼 성장하여 만들어진 진한 그늘에서는 잘 자랄 수 없습니다. 나무 아래에서 자라는 풀을 건강하게 기르려면 정원사가 나서야 합니다.

나무를 자를 때는 이 주제에 관한 책도 있을 만큼 여러 가지 고려해야 할 사항이 많습니다. 그러나 어떤 나무든지 너무 큰 가지를 잘라내면 상처를 회복하기 어려우므로 가능하면 작은 가지들을 솎아내는 방법을 사용합니다. 번거롭고 시간이 오래 걸리는 작업이지만, 이 방법은 전체적인 분위기를 해치지 않고 무엇보다 나무에도 큰 피해가 없습니다.

관목의 경우 처음에는 가위로 잘라 원하는 모양과 크기를 만들었지만, 요즘엔 다른 방법을 사용합니다. 밑동에서 여러 갈래로 갈라지는 관목의 줄기 중 너무 크게 자란 몇 개를 완전히 잘라내는 방식을 사용하는데, 이렇게 되면 나무가 시선을 차단하는 것도 줄이고 무엇보다 관목 아래까지 충분히 햇빛이 들어와 풀이 자랄 수 있는 환경이 만들어집니다.

마지막으로 잘린 잎과 낙엽, 떨어진 가지를 모아서 걷어냅니다. 음나무처럼 커다란 낙엽이 정원 바닥에 그대로 남아 있으면 작은 식물들이 충분한 빛을 받지 못해 성장이 늦어질 수도 있습니다. 지금까지는 직접 나무를 선택할 수 없었지만, 만약 또 다른 숲정원을 만드는 날이 온다면 커다란 잎을 가진 나무보다는 잎이 여러 개로 작게 갈라지는 나무를 기르고 싶습니다.

낙엽을 따로 모아 손으로 비비면 잘게 부서지는데 그걸 다시 정원에 깔아줍니다. 커다란 음나무도 단풍나**무**도 모두 잘 섞여 정원에 고운 낙엽층이 생겨납니다. 부드럽게 바스러진 낙엽은 여린 새싹이 뚫고 올라오는데 조금의 장애도 없어 보입니다.

초봄,
매화가 필 무렵

초봄

숲정원의 작은 존재들

초봄이 아주 짧고 꽃샘추위가 길지 않은 해에는 순식간에 지나갈 수 있습니다. 밤은 여전히 춥지만, 낮엔 정원으로 나가서 새롭게 모습을 드러낸 식물이 있는지 땅을 바라봅니다. 얼핏 보면 겨울과 크게 다르지 않아 보여도 몸을 웅크리고 들여다보면 하룻밤 사이에도 나타나는 아이들을 찾을 수 있습니다.

이 변화의 시기는 해마다 다르게 찾아오기에 텃밭의 매실나무를 바라봅니다. 이른 봄에 피는 꽃들은 자신이 원하는 온도에서 모습을 보여주므로 그 주변이 얼마나 따뜻해졌는지 알 수 있습니다. 매화꽃이 보이면 비로소 올해 정원의 순환이 새롭게 시작되었음을 알 수 있습니다.

너도바람꽃 종류는 설강화와 함께 정원에서 가

장 먼저 볼 수 있는 꽃 중 하나입니다. 하얀 설강화와 함께 샛노란 색으로 피어나는 겨울바람꽃 사진은 이맘때 흔히 볼 수 있지만 언제봐도 멋있습니다. 제 정원에서도 이 모습을 보고 싶어 몇 번이고 도전했지만, 심고 난 뒤 잠깐 머물고 다음 해에 다시 만나지 못했습니다.

화순에 오고 얼마 지나지 않아 외국 정원사와 이야기를 나누면서 겨울바람꽃이 멋있다고 말했던 적이 있습니다. 그러면서 아직 우리나라에서는 겨울바람꽃이 가득한 정원을 본 적은 없지만 대신 흰색 종이 숲에 자생한다고 알려주었습니다. 돌아온 대답은 조금 충격적이었습니다. 그 정원사에게 노란색은 이제 좀 지겨운 장면이 되어버렸고, 흰색으로 피는 아이가 자라는 우리나라가 부럽다는 것이었습니다.

이 대화 전까지 저는 외국 정원 사진에서 보던 식물들을 열심히 공부하고 수집해서 기르던 정원사였습니다. 그 식물들은 오래 사랑받고 길러졌기에 정원에서 아주 훌륭한 식물임은 틀림없지만, 이들만 기르는 건 좋은 경험이 되지 못할 거라는 생각이 들었습니다. 그래서 올해는 우리나라에서 자라는 식물들을 함께 길러 보겠다는 목표를 새롭게 정했고, 이 둘을 잘 어울리게 섞어보고 싶어졌습니다.

우리나라에 자라는 너도바람꽃은 그렇게 제 정원에 오게 되었습니다. 아마 그 대화가 없었다면 여전히 관심을 두지 않은 식물로 남았을지도 모르겠습

수선화 '테이트 어 테이트'는 다른 수선화보다 키가 작고 빨리 찾아옵니다

니다. 지금은 단 한 장소에서 박새와 함께 지내고 있습니다. 이 둘은 우리나라 숲에서 쉽게 볼 수 있는 조합이기도 합니다. 시간이 지나고 너도바람꽃이 정원으로 넓게 퍼져 자라준다면, 언젠간 대화를 나누었던 정원사에게 그 모습을 보여주고 싶습니다.

 키가 높지 않은 수선화 품종은 일찍 핍니다. 숲 정원에서는 수선화 중 '테이트 어 테이트'가 먼저 모습을 드러냅니다. 처음 노란색 꽃이 보일 때는 땅 바로 위 낮은 높이에서 피어나지만, 날이 지날수록 점차 올라와 바람에 흔들릴 정도가 됩니다. 앙증맞고 귀여운 꽃은 줄기 하나에 2송이씩 모여 피고, 꽃잎은 살짝 뒤로 젖혀진 모습입니다.

 실라 비폴리아는 키가 아주 작고 파란 꽃을 피

실라 비폴리아

옵니다. 처음 피는 꽃은 땅에 거의 붙어있는 것처럼 보이는데, 이때에도 신기하게 벌이 찾아옵니다. 아마도 따뜻해진 날에 처음으로 벌이 먹을 걸 찾는 꽃 중 하나가 아닐까 싶습니다.

이 시기에 초록 잎은 아룸이 가장 보기 좋습니다. 진한 녹색 잎에는 광택이 있고 잎맥은 흰색 선으로 선명하게 드러납니다. 독특한 잎 덕분에 단독으로 자라도 멋있지만, 특히나 설강화와 잘 어울립니다. 이제부터 끊임없이 피고 지는 꽃들에 빠져있다 보면 어느 순간 아룸은 정원에 처음부터 없던 것처럼 모습을 감추고, 가을이 되면 다시 돋아납니다.

풀모나리아 종류는 잎에 흰색 물감을 떨친 듯한 무늬를 가진 게 특징이지만, 좁은잎풀모나리아는 잎

헬레보루스

에 무늬가 없고 보송보송한 털만 가득합니다. 잎 무더기 위에서 꽃줄기는 공처럼 보이게 말려있고, 작은 파란색 꽃이 몇 송이 핍니다. 꽃줄기는 서서히 펼쳐지며 이른 봄 아주 오랫동안 꽃을 이어갑니다.

    헬레보루스는 진한 자주색부터 흰색까지 다양한 꽃 색을 지녔습니다. 겨울에 잎을 잘라둔 덕분에 새로 나온 잎과 그 가운데서 솟아오른 꽃을 잘 즐길 수 있습니다. 초봄에 피는 다른 꽃에 비해 큰 편이어서 더 눈에 띕니다. 이런 큰 꽃을 가진 식물들은 저보다 가족이 더 좋아합니다. 숲정원을 만들 때 작게 쪼개서 심은 탓인지 제대로 된 꽃을 보여주는데 2년이 넘게 걸렸습니다. 다시 회복하고 꽃이 피었을 때 언제 심었냐는 말도 들었지만, 헬레보루스는 처음부터 숲정원과 함께했습니다.

    보통의 헬레보루스와 달리 헬레보루스 포에티두스의 잎은 좀 더 가늘고 깊게 갈라지며 그 위로 연녹색 꽃이 여러 송이 달린 꽃줄기가 올라옵니다. 함께한 지 4년 만에 처음으로 꽃을 피웠습니다. 2019년에 지인이 파종했다는 아이를 2020년 겨울에 분갈이를 도와주면서 몇 포기 얻어왔습니다. 함께 데려왔던 크리스마스로즈는 모두 사라져 버려서 아쉽습니다.

초봄

설강화

　　설강화는 제 숲정원에서 가장 먼저 꽃피웁니다. 첫 설강화는 텃밭 가장자리에 수선화와 석산과 한데 섞어 심었습니다. 설강화가 필 때 석산의 잎이 무성하게 자라 그들을 가리고 있어서 저와 가족은 오래도록 정원에 설강화가 있다는 걸 잊고 있었습니다. 삼백초밭이 새로운 숲정원이 되면서 보이는 설강화를 옮겼더니 제법 땅에서 수가 늘었고, 이제는 가족이 먼저 처음 피는 설강화를 발견하고 소식을 전해줍니다.

　　숲정원에는 다양하지는 않아도 몇 가지 형태의 설강화들이 자라고 있습니다. 그중에서 가장 일반적인 설강화를 보는 것이 좋습니다. 더 크게 피는 품종들 사이에서 얇은 꽃줄기에 매달린 작은 꽃이 봄바

설강화 '플로레 플레노'는 겹꽃 형태로 피는 대표적인 설강화 품종입니다

람에 흔들립니다. 이 장면을 여전히 남아있는 쌀쌀한 추위를 잊은 채 서서 바라봅니다.

겹꽃으로 피는 설강화 '플로레 플레노'는 다른 설강화보다 정원에 조금 늦게 등장합니다. 꽃이 꽤 부풀어 있어 뒤집지 않아도 겹꽃임을 알 수 있습니다. 처음에는 신기한 모양이 흥미로워 심고 길렀지만, 다른 겹꽃 품종들이 그렇듯 비율이 어긋나 보여 관심이 사라졌습니다.

설강화가 아니더라도 가능하면 겹꽃이 아닌, 홑꽃 형태의 식물을 기르려고 합니다. 겹꽃은 꽃의 구조 중 일부 변이가 일어난 것이어서, 이 모습이 화려함보다는 별스러움으로 다가옵니다. 그리고 한참 뒤에 자연정원을 알게 되면서 씨송이라는 존재를 의식

이 설강화는 정원에 다른 어떤 아이와도 모습이 다릅니다.

했지만, 겹꽃은 아무래도 홑꽃에 비해 씨송이가 생기지 않거나 빈약해 더욱 꺼리게 되었습니다. 하지만 언제나 예외는 있는 법, 매발톱 종류는 겹꽃임에도 좋아합니다.

    설강화를 정원에서 기르다 보면 서로 교잡하는 탓에 전혀 다른 모습으로 자라는 아이들을 발견하게 됩니다. 지금까지 제 정원에서 설강화들은 꽃잎이 조금 넓거나 좁거나 벌어지는 정도로 거의 차이가 없지만, 눈에 띄는 한 아이가 있습니다. 눈에 보이는 바깥쪽 하얀 부분에 녹색 점이 있는 아이로 꽃봉오리는 벌어지지 않고 마치 종처럼 생겼습니다. 아마도 큰설강화의 변이로 보이는데, 더 많아지길 바라고 있습니다.

설강화를 더 빠르게 번식시키고 싶다면, 2~3년에 한 번씩 꽃이 진 뒤에 여전히 잎이 녹색인 상태에서 캐서 나눠 심기를 합니다. 캐서 옮기는 건 어려울 게 없지만 봄엔 햇볕도 따스하고 건조한 바람도 선선하게 부는 날이 많아 생각보다 땅 밖으로 나온 뿌리가 빨리 마릅니다. 설강화의 구근은 건조한 상태를 좋아하지 않고, 심하게 마를 때는 회복하지 못할 수도 있으므로 한 번에 많이 캐서 옮기기보다는 한 손에 들 정도로 조금씩 캐서 정원 여기저기에 설강화를 퍼뜨립니다. 이 시간을 잠깐이라도 미루면, 이어서 피는 봄꽃과 쏟아지는 정원 일에 빠져 설강화는 어디에 있었는지 알 수 없게 사라져 버립니다.

봄에 이처럼 녹색 잎을 단 상태에서 옮기는 것을 '인 더 그린, in the green'이라고 부릅니다. 이맘때 피거나 잎이 있는 작은 식물을 이렇게 부릅니다만, 보통 가을에 구근으로 심는 수선화도 잎과 꽃이 있을 때 옮길 수도 있습니다. 가을에는 땅 위에 아무것도 없어 구근 위치를 찾기가 어려우므로, 봄에 이 방법을 사용하면 어떤 모양의 품종을 골라서 정원에 남기거나 빼낼지, 일을 쉽게 할 수 있으므로 아주 좋습니다.

초봄

황량한 들판

 생기가 넘치고 뭔가 일어날 듯한 숲정원과 다르게 이 계절에 풀밭정원은 여전히 키가 큰 식물들이 갈색으로 남았습니다. 숲정원이 그랬던 것처럼 이 정원도 이제 정리를 시작합니다. 동시에 모든 정원의 풀을 베어버리는 게 싫었을 뿐, 늦은 겨울에 이 작업을 할 수도 있었지만 가능하면 이처럼 시간을 두고 한 단계씩 진행합니다.

 공간이 넓다면 예초기와 기계를 사용하는 것이 편리하겠지만, 이 공간에서는 낫과 가위로 식물을 하나하나 만져가며 식물의 밑동까지 깨끗하게 잘라냅니다. 한두 시간이면 모두 끝낼 일을 여유 있게 움직이고 차를 마시며 지내다 보니 오래 걸립니다. 3개월이 넘도록 보던 모습이지만 막상 떠나보내려니 아쉽습니다.

아쉬움을 달래려고 몇몇 식물은 남겨둡니다. 작은 버들강아지를 달고 있는 키버들은 관목 형태로 자라는 버드나무 종류로 꽃눈이 달린 가지는 갈색이지만 붉은색처럼 보이기도 합니다. 다른 관목 형태의 버드나무보다 성장 속도가 느려 풀밭에 함께 심기 좋은데, 언제나 작은 크기를 유지하도록 2~3년에 한 번씩 완전히 자릅니다.

새풀 중에서는 여전히 꼿꼿한 새와 큰개기장 일부만 남겨둡니다. 이들의 새싹은 좀 더 따뜻해야 돋아나고 혹시나 새싹을 잘라내더라도 금세 회복하기에 이런 선택을 할 수 있습니다. 이때 남겨둔 아이들은 실새풀이 돋아나면 자릅니다. 실새풀은 봄에 가장 먼저 푸른 잎을 보이는데 자르고 나면 금방 파릇파릇해집니다. 실새풀 싹은 다른 새풀과 다르게 연한 녹색을 띠고 있어 밝게 빛이 납니다.

텅 비어버린 정원으로 끝난 것 같지만, 이건 끝을 시작으로 잇는 작업입니다. 쓸쓸함도 잠시, 봄비라도 내리면 빠른 속도로 정원의 모습은 바뀌어 나갈 것입니다.

봄,
벚꽃이 필 무렵

봄

숲정원이 가장 예쁜 순간

　숲정원으로 가는 길, 가로수로 심어진 왕벚나무가 피면 기다리던 봄이 왔다고 느낍니다. 벚꽃이 피면 정원으로 가는 길에 멀리 보이는 삼나무 숲을 보고 갑니다. 그 숲에는 왕벚나무가 듬성듬성 자라고 진한 녹색 잎을 가진 삼나무로 둘러싸여 하늘을 배경으로 자라는 벚꽃보다 더 멋있어 보입니다.
　정원에 도착하면 짐도 정리하지 않고 바쁘게 움직입니다. 이 봄의 정원은 하루하루 다를 정도로 변하지만, 제가 자주 찾을 수 없기에 그 변화가 더욱 크게 느껴집니다.
　겨울에 신경 써서 잘랐던 삼지구엽초 '설퓨레움'이 부드럽게 구부러진 숲정원 길옆에 큰 무리를 이루며 자라고 있습니다. 연노란색 꽃을 올리고 그 아

삼지구엽초 '설퓨레움'. 잎을 자르지 않으면 이 모습을 볼 수 없습니다

래로 조금은 붉은색이 깃든 잎이 뒤따라 올라옵니다. 깨끗한 흰색으로 피는 삼지구엽초 '니베움'은 조금 더 작게 자랍니다. 이들은 숲정원 곳곳에 작은 단위로 흩트려 놓아서 여러 장소에서 볼 수 있습니다. 지금 보는 것들은 미리 잘라주지 않았다면 지난해 잎에 가려 볼 수 없었을 테니 언제나 삼지구엽초만은 꼭 잘라주도록 합시다.

앵초 종류는 정말 다양한 만큼 그들이 사는 환경도 달라 모두가 야외 정원에서 잘 자라지는 않습니다. 대부분은 여름이 너무 습하고 더워서 문제가 되는 편이지만, 몇 종은 심어만 두었을 뿐인데 계속해서 잘 자라는 모습을 보여줍니다.

유럽에서 자라는 3종의 앵초 중 프림로즈는 연

유럽에서 자라는 앵초 종류인 옥슬립

노란색 꽃을 피우고 꽃줄기는 짧아 꽃이 피었을 땐, 작은 언덕 모양처럼 보입니다. 꽃줄기가 조금 더 긴 종으로는 옥슬립과 카우슬립이 있습니다. 두 종은 사진으로는 분명 차이가 보이지만, 정원에서는 서로 교잡이 일어나 무엇이라고 부르기 애매한 때가 있습니다. 풀밭에서 기른다면 이들은 햇빛이 강한 장소에서도 좋은 모습을 보여줍니다.

    이 세 아이 모두 잎이 곰보배추라고 불리는 배암차즈기를 닮았습니다. 할머니는 언제나 작물과 닮은 식물들을 궁금해하는 데다가, 하필이면 곰보배추가 씨앗으로 여기저기 돋아나 정원에서 자라면 뽑아가려고 합니다. 그러니 곰보배추는 정원에 자라지 않도록 하고, 제 정원에서 그처럼 보이는 것은 예쁜

연노란색 잎의 '하스펜 크림'은 다른 식물과 언제나 잘 어울립니다.

꽃이 피는 식물이니 절대로 가져가면 안 된다고 해야 합니다.

브루네라는 땅을 덮는 넓고 거친 잎이 매력적인 식물로, 보통은 잎에 무늬가 있습니다. 더 좋은 점으로는 봄에 그 잎 위로 물망초를 닮은 꽃이 한가득 피어난다는 것입니다. 물망초와 달리 여러해살이풀이기 때문에 한 번 심어두면 해마다 앙증맞고 파란색 꽃과 잎을 계속해서 즐길 수 있어 좋습니다.

가장 눈길을 끄는 품종은 브루네라 '잭 프로스트'로 이 품종은 잎 전체에 흰색 무늬가 가득 차 있습니다. 상대적으로 밋밋해 보이는 브루네라 '하스펜 크림'은 가장자리에 불규칙한 연노란색 무늬가 있는데, 지금은 이 모습이 숲정원에 더욱 잘 어울리는 것 같아서 이 아이만 남겨두었습니다.

화려한 무늬보다 수수한 형태를 선호하게 된 것도 정원을 직접 가꾸면서 변하게 된 것입니다. 화려한 모습을 가진 식물들은 다른 밋밋한 형태를 가진 식물보다 쉽게 구할 수 있고, 특별한 목적으로 접근하지 않는다면 이들이 정원을 대부분 차지하게 됩니다. 그랬더니 정원이 너무 복잡하게 느껴졌습니다. 원한 건 이런 분위기가 아니었는데 말이죠.

그런 이유로 무늬가 있는 식물을 정원에서 완전히 빼보았습니다. 그랬더니 봄에는 새롭게 돋는 새싹마저 모두 색이 다르기에 분명 좋은 느낌이었는데, 한여름이 오고 숲정원에 그늘이 드리우면서 공간이 너무 어둡고 무거워 보입니다.

몇 번의 시행착오를 거치고 돌고 돌아 지금은 눈에 확 띄는 현란한 노란색이나 흰색으로 변한 품종이 아닌, 부드럽게 무늬가 들어간 품종을 찾아 기르고 있습니다. 그런 품종들은 주변과 더 잘 어울리고 심지어 색이 점차 연해지기까지 해서 자연스러운 느낌을 내기에 더욱 적합합니다.

버지니아 갯지치는 브루네라보다 더 크고 선명한 하늘색 꽃을 선물합니다. 정원에서 자주 보이는 꽃마리와 물망초 그리고 브루네라까지 이들은 모두 지치과 식물이며 꽃차례 끝이 돌돌 말려있으면서 서서히 펴지며 대게 하늘빛 꽃을 피우는데, 그중 버지니아 갯지치는 가장 크고 화려한 하늘색 꽃을 정원에 몰고 옵니다.

처음엔 버지니아 갯지치가 제 정원에서 잘 자랄지 확신이 없었지만, 지금은 단풍나무 아래에서 고맙게도 자리를 잘 잡았습니다. 조그마했던 아이들이 40cm 정도까지 자라나는 데에는 몇 년이 걸렸습니다. 이렇게 커다란 식물이 여름이 되면 모습을 감추는데 흔적도 없이 사라지는 것이 신기합니다. 함께 남겨둔 씨앗은 어딘가에서 새롭게 자라나 점차 범위를 넓혀갑니다. 새롭게 등장하는 버지니아 갯지치는 언제나 환영입니다.

저는 보물 같은 존재인 지치과 식물 대부분을 좋아하지만, 특히 잎이 예쁜 당개지치를 좋아합니다. 이들은 아래를 바라보며 피는 꽃보다는 잎을 보려고 심었지만, 아쉽게도 여름이 되면 사라집니다. 정원의 여름이 시원했다면 계속 볼 수 있었을 텐데 참 아쉽습니다.

숲정원을 만들면서 생각한 단 하나의 이미지는 티아렐라와 숲플록스가 섞여 자라는 것이었고, 그 모습만은 꼭 보고 싶었습니다. 실제로는 미국 동부의 숲에서 볼 수 있다는데, 다행히 두 식물 모두 세 정원에서 잘 자라고 있습니다.

예상과는 다르게 정원에 숲플록스가 먼저 찾아왔습니다. 우리나라에서는 '차가플록스' 혹은 '향플록스'라고 부르기도 하고 영어로는 '우드랜드 플록스'라고도 하는데, '숲플록스'라고 부르는 게 더 예쁜

숲플록스

것 같습니다.

　연보라색으로 피는 꽃이 숲정원 처음부터 끝까지 길게 이어지길 바라는 마음으로 심었습니다. 성글게 기면서 자라는 줄기에서 꽃줄기가 올라오면 아래에는 다른 구근을 함께 심기도 좋아, 수선화 심은 자리에도 작은 숲플록스를 함께 심습니다. 그다지 큰 키는 아니지만 연약해 보이는 꽃줄기는 봄바람에 가볍게 흔들리고 숲정원에 원하던 보랏빛 물결을 몰고 옵니다. 좀 더 물결이 풍성해지기를 바라는 마음으로 봄, 가을에 계속해서 꾸준히 꺾꽂이합니다. 화분에 흙을 담고 줄기를 꽂아두면 내리는 비만으로도 번식할 수 있어서, 정원 한쪽 나무 그늘 밑에는 언제나 작은 숲플록스들이 자라고 있습니다.

티아렐라는 잎만 보았을 때는, 작은 휴케라처럼 보입니다. 그 잎 위로 올라오는 기다란 꽃줄기에는 작은 하얀색 꽃이 촘촘히 달리고, 정원에 반짝반짝한 빛을 몰고 옵니다. 숲플록스가 한창인 날부터 피기 시작해 둘이 만나는 기간은 겨우 1주일. 티아렐라가 가장 예쁜 순간에 첫 숲플록스들은 시들 준비합니다. 이후 티아렐라는 피고 지는 꽃을 계속해서 보여주어 거의 1달은 볼 수 있습니다. 날이 좀 더 더워지면 가는범꼬리의 등장으로 흰색 꽃의 흐름은 계속 이어집니다.

숲정원에서 비비추나 도깨비부채처럼 커다란 잎을 가진 식물들은 아직 완전한 모습을 갖추지 못했습니다. 그러나 참여로만은 밝고 멋진 녹색 잎을 보여줍니다. 잎에 주름이 인상 깊은 식물로 새롭게 돋아난 싹은 올해의 풍파를 겪지 않아 아주 청명하고 깨끗합니다. 여름이면 작은 자주색 꽃이 피는 긴 꽃줄기를 내었지만, 숲정원에 옮겨심은 뒤로는 꽃을 보지 못하고 있습니다. 옮기는 것을 싫어한다는 자료는 보았지만, 이 정도일 줄은 몰랐습니다. 조금 떨어진 곳에 비슷해 보이는 박새가 있는데, 박새는 연한 녹색 꽃을 피우지만. 꽃이 없는 시기에 둘은 멀리서 보면 똑같은 식물처럼 보입니다.

꽃만 가득한 정원을 만들고 싶은 마음은 없기에, 숲정원에 새풀도 심습니다. 처음 숲정원을 만들 때만 해도 반그늘에서 사는 새풀은 풍지초정도만 알

쌀새

고 있어서, 숲정원에서 기를만한 새풀을 추천해달라는 말을 들을 때는 꽤 난감했었습니다.

여전히 숲정원에서 기르는 새풀은 빛이 좋은 장소에 비해 적지만, 새롭게 몇 가지를 알게 되었습니다. 청쌀새는 우리나라에서 자라는 식물로 숲정원에 흔들리며 자라는 새풀을 원한다면 좋은 선택입니다. 외국 정원 사진에서 보이는 쌀새속 식물이 너무 부러웠지만, 도저히 구할 방법이 없어 자생 식물로 도전해 보았는데 정말 만족스럽습니다.

세슬레리아는 알게 된 후, 얼마 지나지 않아 정말 좋아하는 식물이 되어버렸습니다. 몇 가지 종류가 있는데, 기르고 있는 세슬레리아 '그리니 하이브리드'는 작은 좀새풀처럼 보입니다. 좀새풀 역시 밝

미나리냉이

은 그늘에서 기를 수 있다는 말에 시도해 보았지만, 덩치가 너무 큰 데다 이삭이 나오지 않아 빼놓았던 식물입니다. 처음엔 빛이 부족해서 안 피는 줄 알았는데, 나중에야 좀새풀은 여름이 너무 더운 곳에서는 꽃이 피지 않는다는 사실을 알게 되었습니다. 적당한 크기로 자라는 세슬레리아의 꽃은 청쌀새보다는 늦게 등장합니다. 작고 하얀 이삭은 수수한 가는범꼬리를 닮아 이둘을 함께 본다면 더 좋을 것 같아 근처로 옮겨 심었습니다. 기대되는 장면이에요.

꽃고비 종류는 잘 자라는 환경에서는 골칫거리로 여겨지기도 하지만, 뜨거운 여름을 보내야 하는 제 정원에서는 잘 살아남지 못합니다. 우리나라 환경과 비슷한 북미 동쪽 숲에서 자라는 기는꽃고비는

윤판나물

다양한 시도 끝에 살아남은 유일한 꽃고비 종류로 지금은 아주 잘 자라고 있습니다. 하늘색 꽃은 숲플록스가 피는 동안 함께 볼 수 있고 그렇게 하늘색 물결에 동참합니다.

    삼백초밭을 정원으로 바꾼 것은 밭의 절반, 남겨진 밭의 삼백초는 숲정원으로 넘어오려고 호시탐탐 기회를 노립니다. 밭과 정원을 구분 짓고 침범하는 것을 막기 위해 숲정원 가장자리에 잘 번지는 식물들을 심었습니다.

    미나리냉이는 봄에 그 자리에서 좋은 경쟁을 합니다. 이 식물은 뿌리줄기로 번지고, 커다란 냉이꽃처럼 보이는 꽃을 피워 아래에서 자라는 식물들을 가립니다. 빼곡하게 나오는 것처럼 보여도 커다란 식물들을 밀어내는 힘은 없어, 그 사이에서 자라는 수선화나 비비추에는 무리가 가지 않습니다. 눈부시게 피던 꽃이 지고 나면 갑자기 사라지고, 땅 위에는 진한 녹색 잎들만 남습니다.

    윤판나물 역시 그 장소에서 굳세게 자리를 지키고 있습니다. 둥굴레 종류는 번지는 것이 문제가 될 수 있어 정원에 심을 때 조심해야 하지만, 윤판나물 잎은 둥굴레를 닮았으나 심어둔 자리를 벗어나지는 않습니다. 새싹이 올라오면서부터 피는 샛노란 색 꽃은 자라면서 계속 올라가고 결국엔 각각의 줄기 끝에서 땅을 바라봅니다.

봄

땅속에 작은 전구들

구근은 영어로 'bulb', '전구'의 영어와 같습니다. 정원의 전구들은 땅속에 설치하지만, 땅 위를 밝혀주는 이 조명을 싫어하는 이는 거의 없습니다. 전구의 종류와 색은 각양각색, 봄이면 정말 다양한 모습의 전구가 빛을 비춥니다. 그중에서 저는 수선화를 정말 좋아합니다. 튤립이나 알리움과는 다르게 이들은 한번 심어만 두면 따로 보관이나 관리가 필요 없는 것이 마음에 듭니다. 게다가 매년 아름다운 꽃을 보여주고 개체 수도 점차 늘어납니다.

일찍 폈던 수선화 '테이트 어 테이트'가 끝날 무렵이면 다양한 수선화들이 피기 시작합니다. 햇볕이 잘 드는 자리에는 수선화들이 먼저 등장하고 이어서, 숲정원에 수선화는 조금 늦게 핍니다. 하지만 한

수선화 '아이스 폴리스'

공간에서 자라는 수선화라면 품종별로 피는 시간이 달라, 제 정원에서는 어떤 수선화가 먼저 피고 나중에 피는지 지켜보는 재미가 있습니다.

정원 초기에 정확한 이름을 알지 못한 수선화들을 무작정 심었는데, 여전히 한 장소에서 섞여 자라고 있습니다. 언제나 노란색 바탕에 주홍빛 컵을 가진 품종이 먼저 피기 시작하고 뒤를 이어 흰색 바탕에 주홍빛 컵을 가진 아이가 피어납니다. 의도하지 않은 행동으로 알게 된 사실이지만, 이처럼 몇 가지 품종을 한 자리에 섞어 심으면 좀 더 길게 수선화를 즐길 수 있습니다. 그렇지만 아무리 많아도 3종류를 넘지 않게 합니다. 개인적인 취향이겠지만, 그 이상으로 섞이면 복잡하고 정신없어 보입니다. 3종류도 많은 것 같고 2종류로도 충분해 보입니다.

깻잎 밭에는 수선화가 자랄 수 없으니, 상추밭이었던 풀밭정원 한 부분에서만 수선화를 기릅니다. 이곳엔 하얀 바탕에 연한 상아색 컵을 가진 수선화 '아이스 폴리스'가 있습니다. 어떤 해에는 새풀을 자르는 시기를 놓쳐 이 수선화가 피는 동안 정원이 방치된 공터처럼 보이던 때가 있었는데, 남은 연갈색 풀 사이에서 피어나는 이 수선화가 참 예뻤습니다.

수선화 '아이스 킹'은 제 정원에서 겹꽃으로 피는 몇 안 되는 식물입니다. 처음 기르던 해부터 지금까지 꾸준하게 꽃은 땅으로 쓰러집니다. 겹꽃이다 보니 꽃이 무거워 아무래도 꽃줄기가 버티지 못하는 것으로 보이고, 이건 다른 식물에서도 볼 수 있는 모습입니다. 쓰러지는 모습도 보고 싶지 않고, 일일이 지지대를 세우는 일도 번거롭기에 이렇게 스스로 무게를 버티지 못하는 아이들은 정원에서 점차 빼버리게 됩니다.

수선화 '타히티'는 또 다른 겹꽃 수선화로 전체적으로 노란색 꽃에 주홍색을 한 방울 똑 떨어뜨린 듯 보이는 유명한 수선화 품종입니다. 다행스럽게도 쓰러짐은 덜 합니다만, 자극적인 노란색이 눈에 거슬립니다.

숲정원에는 하나의 꽃줄기에 꽃이 몇 송이씩 피는 수선화를 주로 심었습니다. 가장 먼저 피는 수선화 '탈리아'는 새하얀 꽃이 아주 매력적입니다. 처음

수선화 '탈리아'

엔 꽃 중앙에 노란빛이 희미하게 돌고 시간이 흐르면서 완전한 순백색으로 변합니다. 이제 막 피어나는 순간에 노란빛이 감도는 시점도 멋지지만, 흰색으로 변한 모습은 영롱한 느낌을 받을 정도로 아름답습니다. 제 정원에서 단 하나의 수선화를 꼽는다면 지금까지는 이 품종이 가장 좋습니다.

이어서 노란색 수선화 '피핏'이 피어나기 시작합니다. 이 품종은 시간이 지나면 컵 부분의 색이 엷어져 연노란색으로 변합니다. 이 노란색 수선화는 수선화 '탈리아'와 다음에 이어질 또 다른 하얀 수선화 사이를 이어주는 좋은 역할을 합니다.

마지막으로 다시 하얀색 수선화 '제라늄'이 등장하고, 이들은 가운데 컵 부분이 주황색입니다. 수선

수선화 '피핏'

화 '탈리아'의 가장 아름다운 순간이 조금 지난 후에 피기 시작하는데, 그 시기가 굉장히 잘 맞아 더 오래 숲정원에서 흰 수선화들을 볼 수 있습니다. 피는 순서까지 의도한 것은 아니었지만, 꼭 맞아떨어진 것 같습니다.

    골풀수선화는 제가 소중하게 다루고 아끼는 원종 수선화입니다. 골풀이라는 식물처럼 잎이 매우 가늘어서 풀밭에 잘 어울리며, 작은 샛노란 꽃이 몇 송이 달리는 데 향기가 매우 좋습니다. 장비를 둔 창고 앞에 자라고 있어 눈에 보이면 마주 앉아 향기를 꼭 맡아봅니다.

    중국패모는 마을 주변에서 자라는 모습을 보고 예쁘다고 말한 적이 있었는데, 며칠 후 할머니가 동

카마시아

네 사람에게 얻어왔다며 두고 가셨습니다. 패모 종류는 설강화처럼 구근이 마르는 것을 싫어해서 봄에 옮기는 게 이상하지는 않습니다. 그러나 잎과 꽃이 난 채로 뽑혀온 아이를 숲정원에 심었더니, 첫해에 정원 사진을 찍는데 자꾸 웃긴 모습으로 나와 꽤 난감했습니다. 지금은 자리를 잘 잡고 키도 멋지게 자라 연두색 꽃을 제법 많이 보여주고 있습니다. 왕패모처럼 구근이 큰 패모 종류는 우리나라의 여름 습기를 견디기 힘들어 정원에서 따로 관리가 필요하지만, 중국패모처럼 구근이 작은 패모 중 일부는 여름에 특별히 신경 쓰지 않고도 잘 기를 수 있습니다.

  은방울수선화는 설강화를 닮았지만 수선화만큼이나 크고 늦게 등장합니다. 이 구근은 독특하게도 보통의 구근들이 살기 어려운 축축한 토양에서도 잘 사는데, 물론 완전히 물에 잠겨서는 안 됩니다. 땅속에서 늘어나는 속도가 빠른 편이라 풍성해졌다고 느끼면, 다음 봄에 폭발적으로 올라와 엉키고 쓰러집니다. 많은 잎이 땅으로 쓰러진 것은 보기에도 좋지 않거니와 가만 놔두면 더 심해질 수 있으니, 땅에서 꺼내 나눠 심는 것이 좋습니다.

봄의 구근 식물 중 마지막으로 볼 수 있는 카마시아는 다른 식물들보다 키가 조금 큰 편으로 정원에서 멋진 수직 구조를 보여줍니다. 꽃이 피는 시기와 높이는 다른 구근과 비교해 분명 차이가 있고 독특합니다. 카마시아 종류는 키가 큰 종류와 작은 종류가 확실히 나눠지므로, 작은 아이들이 잘 자란다고 키가 커지는 것은 아닙니다. 이들도 은방울수선화처럼 질척한 토양에서도 살아남는 구근 중 하나입니다.

봄

쥐손이풀 예찬

 쥐손이풀에 대한 제 관심은 끝이 없고 여전히 진행 중입니다. 봄 중순 외국 쥐손이풀 종류가 앞다퉈 피기 시작하는 모습을 보니, 그동안의 도전이 실패하지 않았음을 알게 되었습니다. 이들을 잘 길러 보려고 오래도록 자료를 찾고 도전하고 실망했던 그 모든 것에 대해 보상받은 기분입니다.

 쥐손이풀 종류는 아주 많고 다양한 데다가 정원에서 기르는 종류만도 수십 가지입니다. 외국 어떤 모습의 정원에도 빠지지 않고 등장하는데, 우리나라 정원에서는 이상하게 외면당해서 보기 어렵습니다.

 늘 그랬던 것처럼, 우리나라에서는 왜 볼 수 없는지 직접 겪어보고 확인하고 싶었습니다. 어떻게 하면 잘 기를 수 있는지 공부도 함께 해나갔습니다.

돌이켜 보면 그때 이 식물들을 기르고 싶어 했던 공부가, 지금 정원에 어떤 식물을 심거나 심지 않을지 결정하는 데 도움을 많이 주는 것 같습니다.

대부분이 여름을 버티지 못하고 사라졌지만, 일부는 오래 살아남았습니다. 살아남은 쥐손이풀 종류 중에 큰뿌리쥐손이풀은 정원에서 가장 잘 자랍니다. 기대했던 쥐손이풀의 모습과는 다르지만, 이 식물의 잎과 전체적인 분위기가 주는 느낌이 참 좋습니다. 다른 식물 전체로 따져보아도 비슷한 식물이 없을 만큼 독특한 모습입니다. 햇빛과 반그늘 그리고 다양한 토양에서 모두 잘 자라는 것도 마음에 듭니다. 잘 자라던 식물의 줄기를 잘라 꼽아두는 것만으로도 쉽게 번식할 수 있는데, 이 때문에 제 정원에서는 넓게 번지지 못하고 언제나 잘려 다른 곳으로 옮겨집니다. 아직은 자라는 모습을 보고 싶은 자리들이 많이 남았으니, 당분간은 이 신세를 면하지 못할 것 같습니다.

검은쥐손이풀은 진한 보랏빛 꽃이 핍니다. 꽃은 어둡고 묘한 색을 띠는데 60cm 정도로 올라와 피는 모습이 정말 매력적입니다. 이들 역시 양지에서부터 반음지까지 다양한 곳에서 모두 잘 자라지만, 반그늘에서 가장 좋은 모습을 보여줍니다. 꽃이 피지 않은 기간의 모습도 중요하게 여기는데, 이들은 봄부터 아주 늦은 가을까지 좋은 녹색 방석으로 남습니다. 검은쥐손이풀 '레이븐'의 잎은 특별한 무늬 없이

검은쥐손이풀 '레이븐'

깨끗한 녹색이지만, 이들의 기본종은 잎에 독특한 무늬가 있다고 합니다. 보고 싶네요.

점쥐손이풀은 북아메리카 대륙 숲속의 건조한 곳부터 습한 곳까지 여러 장소에서 발견되는 식물로 밝은 그늘에서 가장 좋은 모습을 보여줍니다. 티 없이 깨끗한 분홍빛 꽃을 피우는데, 그 모습이 숲정원의 어떤 식물과 함께 있어도 어색하지 않습니다. 작은 모종으로 심었던 아이가 이제는 본격적으로 뿌리나누기를 시작해도 좋을 만큼 잘 자라 주어서 기쁩니다. 점쥐손이풀이 숲정원에서 계속 좋은 모습으로 남길 바랍니다.

히말라야쥐손이풀은 제 정원에서 가장 먼저 자리 잡은 아이입니다. 이 덕분에 정원에서 쥐손이풀

점쥐손이풀

이 자랄 수 있다는 사실을 알게 되었고, 더 다양한 쥐손이풀을 데려올 용기를 얻었습니다. 이른 봄부터 싹트는 잎은 섬세하게 갈라진 손바닥 모양으로 자라는데, 그 위로 아름다운 푸른빛 꽃이 핍니다. 쥐손이풀을 상상한다면 가장 기본적으로 떠오르는 모습입니다.

외국 쥐손이풀을 기르면서 우리나라에 자라는 쥐손이풀도 새롭게 다시 살펴볼 수 있었습니다. 꽃쥐손이는 자생 쥐손이풀 가운데 가장 화려한 꽃과 큰 잎을 가졌습니다. 높은 산에서 자란다는데, 실제로 자생지에서 자라는 모습을 본 적은 없습니다. 데려온 아이들이 제 정원 환경에 적응하지 못할까 걱정했지만, 다행스럽게도 잘 자라고 있습니다.

히말라야쥐손이풀

    이외에도 붉은쥐손이풀이나 쥐손이풀 '오리온'도 잘 자라고 있습니다. 의외로 잘 자랄 것 같았던 케임브리지 쥐손이풀 품종은 장마를 버티지 못하고 사라졌습니다.

    쥐손이풀을 한창 수집해서 기를 당시에는 많이 구할 수 없어 조금만 심고 지켜보자 했는데, 간혹 멧돼지가 와서 정원을 파헤친 탓에 장마를 경험하지 못하고 사라진 식물도 너러 있습니다. 지금 생각해 보면 왠지 잘 자랐을 것 같은 마음에 더 아쉽습니다.

봄

깨어나는 풀밭정원

한없이 오래도록 비어있을 것 같던 풀밭에 제법 푸른 물결이 일렁입니다. 햇빛을 가리던 풀들을 잘라냈기에, 새롭게 자란 싹들은 어떠한 방해도 없이 깨끗하게 올라옵니다. 실새풀은 싱그러운 녹색 잎을 길게 늘어뜨렸고, 여기저기 돋아나는 여러해살이풀의 각양각색 잎 모양을 바라보는 건 꽃이 없는 이 시간의 정원에 충분한 재미를 줍니다.

그렇게 모두 자기 자리를 차지하려고 몸집을 키워나가는 중 갑자기 중국갯활량나물이 옅은 노란색 꽃을 피웁니다. 아직 자라는 중인데 꽃이라니, 처음 이 장면을 보았을 땐 정말 놀랐습니다. 주변을 둘러보면 수선화 정도만 보이던 정말 이른 계절이었거든요. 경험해보았기에 이듬해부터는 빨리 모습을 볼

중국갯활량나물

수 있는 이 식물이 기다려지기 시작했습니다. 봄에 일찍 피는 식물은 여름이면 모양이 망가지거나 사라지는 편이지만, 중국갯활량나물은 5월이면 생기는 꼬투리 모양의 씨송이가 다음 해 봄에 잘라주기 전까지 그대로 남아있습니다.

이어서 올라온 백선 역시 좋은 수직의 모습을 보여주는데, 잎에선 향기라고 하기엔 조금 이상한 냄새를 풍깁니다. 우리나라 산기슭에서 흔종 볼 수 있으며 기르기도 쉽지만, 자라는 속도가 늦고 무엇보다 옮겨지는 걸 좋아하지 않습니다. 중국갯활량나물과 백선은 그다지 습한 토양을 좋아하지 않기에, 깻잎 밭에서 가장 건조한 자리에 심었습니다.

제 정원에서는 시골에서 흔히 볼 수 있는 적작

미나리아재비

약을 기릅니다. 새롭게 올라오는 새싹은 진한 붉은 색으로 다른 녹색 식물들 사이에서 눈길을 끄는데, 이 느낌은 펜스테몬 '허스커 레드'와 비슷합니다.

    작약 중에는 꽃이 크고 화려한 품종이 많지만, 이들은 몇 가지 단점이 있습니다. 우선 꽃이 너무 무거운 탓에 지지대가 없으면 쓰러지는 데다가, 무엇보다도 병에 약해서 흰가루병이 심하게 옵니다. 하얗게 변해버린 잎을 보는 것은 속상하기도 하거니와 병이 더 심해지면 형체는 완전히 사라져 버리기도 합니다. 적작약은 이 모든 문제에서 조금 나은 모습을 보여줍니다. 꽃은 같은 품종에 비해 조금 작을지 몰라도 작약은 작약, 다른 꽃과 비교해 크게 핍니다. 병에도 강한 것으로 보이는데, 특별하게 뭔가를 하지 않아도 잎은 가을까지 녹색으로 정원에 남아있습니다. 단점이라면 보통 뿌리로 분양되기에 꽃 색깔을 선택할 수 없다는 것입니다. 빨간색부터 분홍, 흰색까지 다양한데 분홍이나 흰색의 적작약을 제 정원에서 보고 싶었습니다. 그러나 뽑기에 실패, 지금 정원에는 새빨간 작약이 자라고 있습니다. 비록 원했던 모습은 아니지만, 전호와 함께 자라는 모습이 어울려 바꿀 생각은 없습니다.

미나리아재비는 실처럼 가는 꽃줄기 끝에 반짝거리는 노란 꽃을 피우는데, 거의 한 달간 볼 수 있습니다. 커다란 식물들 사이에서 자유롭게 자라는 것처럼 보이지만 사실은 직접 심은 아이들입니다. 자연 발아가 잘 된다고 하지만, 뭔가 조건이 맞지 않은 탓인지 스스로 자라는 아이를 본 적이 없습니다. 그래도 제 정원에서 계속 커지고 있어 원하는 날에는 뿌리를 나눠 옮기고 있습니다.

골무꽃은 우리나라 산길에서 쉽게 볼 수 있지만, 정원에서 기르는 모습은 잘 보지 못했습니다. 정원 주변에서 자라는 골무꽃을 풀과 풀 사이에 몇 포기 심었더니 몇 배나 풍성히고 빼곡하게 번식하여 꽃을 피웁니다. 꽃이 진 후에는 단추 모양의 열매가 촘촘히 꽤 오래 달려 있는데 그 모습도 귀엽습니다. 풀 사이에서도 어떻게 살아남는지 해마다 모습을 보여주지만, 다른 식물이 덜 가리는 화단 경계에 심은 아이들이 가장 건강하고 가을이 되면 또 한 번 꽃을 피웁니다.

    햇빛이 잘 드는 정원에는 숲정원의 숲플록스 대신에 분홍색 꽃이 피는 민플록스를 기릅니다. 둘은 비슷하게 생겼고 아마 반대로 심어도 큰 문제는 없을 것 같습니다. 그래도 공간에 차이를 두고 싶어 이렇게 정해서 기르고 있습니다.

    아주가 '캐틀린스 자이언트'는 다른 아주가에 비해 2배는 크게 자랍니다. 광택이 있는 진한 보라색 잎 위로 층층이 쌓인 보라색 꽃이 피는데, 꽃이 지면 기는줄기가 자라기 시작해 주변으로 번집니다. 이 기는줄기를 잘라서 다른 장소로 쉽게 옮길 수 있는데, 걷잡을 수 없이 늘어나 지금은 정원을 넘어 할머니의 텃밭에도 있습니다.

    밥티시아는 정원에서 굉장히 멋진 모습으로 자리를 잡았습니다. 중국갯활량나물과 닮았지만, 이들은 노란색 꽃만 있는 반면에 밥티시아 종류는 다양한 색으로 조금 더 늦게 핍니다. 무엇보다 둘은 열매 모양이 완전히 다릅니다. 땅에 씨앗으로 뿌려둔 아이들이 한동안 작게만 자라서 풀매기가 번거로웠는데, 지금은 주변에 함께 자라던 아이들을 옮겨야 할 만큼 크게 자랐습니다. 파란색 꽃이 피는 기본종이 잘 자라서 흰색 꽃이 피는 품종인 밥티시아 '바닐라 크림'을 더 심었습니다. 옮겨 심은 아이들이 죽거나 사라질 걱정은 별로 없지만, 자리를 잡고 멋진 모습을 보여주는 데는 시간이 꽤 걸립니다.

민플록스

붓꽃 종류는 숲정원의 앵초 종류만큼이나 다양합니다. 그중 독일붓꽃은 가장 화려하고 무엇보다도 쉽게 구할 수 있어 처음엔 이들을 많이 길렀습니다. 가족은 큰 꽃과 다양한 색으로 피는 이 아이들을 좋아했지만, 저는 정원에서 다양한 시간이 쌓이면서 관심이 사라졌습니다.

식물원에서 시베리아붓꽃을 보게 되었는데, 독일붓꽃에 비해 좁은 잎이 촘촘하게 자라난 모습과 무엇보다도 정원에서 다른 식물과 어울려 자라는 모습이 보기 좋았습니다. 꽃이 지고 남은 씨송이가 특히나 더 좋았습니다. 이 좋은 식물을 새롭게 경험해 보고 싶었으나, 우리나라는 독일붓꽃 인기가 많은 탓인지 시베리아붓꽃을 구하기가 어려웠습니다. 일

붓꽃

부 구할 수 있는 품종조차도 좋아하지 않는 겹꽃 형태라서 고려해 보지도 않았습니다. 그래서 시베리아 붓꽃의 특성을 그대로 지닌 붓꽃을 심었습니다. 붓꽃이 구하기도 쉽고 빨리 자라서 독일붓꽃은 점차 정원에서 빠지고 정리되었습니다. 정원은 점차 제가 원하는 모습으로 변해갔지만, 가족이 좋아하는 독일붓꽃을 완전히 없앨 수는 없어 텃밭 주변으로 조금만 남겨두었습니다.

봄

씨앗으로 움직이는 자들

구근 식물이 서서히 잊혀 갈 무렵, 풀밭정원은 이제 제법 녹색이 많아졌습니다. 여러해살이풀은 여전히 자라는 중이고 이들의 간격은 완전히 자라는 크기를 기준으로 띄어 심어서 사이사이 공간이 조금 있습니다. 이 순간에 수명이 짧은 식물들이 그 자리를 빌려 꽃을 피웁니다.

보통은 이들을 일년초라고 부르는데, 일년초를 잘 기르려면 여러해살이풀을 기르는 데 드는 노력과 다른 작업이 필요합니다. 다음 해에도 정원에서 보고 싶다면 꽃이 진 후에 씨앗을 받아 보관하고 가을이나 겨울에 파종한 뒤 잘 길러서 봄이 되면 정원에 심어야 하는데, 그 순간순간을 잘 맞춰야 합니다. 저는 정원을 주기적으로 갈 수 없는 상황이었으니 이렇게 식물을 기르는 건 아무래도 무리였습니다. 그래서 정원에 한번 씨앗을 뿌려두면 따로 관리하지 않아도 되는 일년초만을 골라 기르고 있습니다.

가장 대표적으로 길에서 쉽게 볼 수 있는 개양귀비와 수레국화가 있습니다. 새빨간 꽃과 작은 푸른색 꽃의 조합은 혼하지만, 풀밭의 느낌과 정말 잘 어울립니다. 두 식물 모두 판매되는 씨앗 봉투에 여러 색이 섞여 나오기도 하지만, 그 색들이 모두 정원에 피면 정신없어 보일 것 같아 원래 자기 색을 가진 아이들만 기릅니다. 다만 두 식물 모두 크게 자라는 편이어서 여러해살이풀 가까이에서 자라는 새싹은 나중에 문제를 일으킬 테니 아까워하지 말고 없애도록 합니다.

크기를 생각하면 니겔라가 작고 귀엽게 자라 부담이 덜합니다. 섬세하게 갈라진 잎 위로 연한 하늘빛 꽃을 피우는데, 잎과 줄기가 정말 가늘어 무리를 지어 피어도 여러해살이풀을 가리지는 못합니다. 꽃이 진 후에 울퉁불퉁한 동그란 열매도 특이하고 귀엽습니다. 특히나 니겔라는 더 많이 보고 싶어 열매가 익은 것이 보이면 따서 모아둡니다. 덜 익은 열매를 그늘진 곳에 두면 까만 씨앗이 잔뜩 나오는데, 따로 보관은 하지 않고 이듬해에 니겔라를 보고 싶은 장소에 흩뿌려 둡니다.

향신료로 먹는 고수도 정원에서 예쁜 모습으로 자랍니다. 비슷한 시기에 피는 아미나 올라야가 더

개양귀비와 수레국화

화려해서 정원에 주로 심지만, 고수는 좀 더 크기가 작고 수수한 멋이 있습니다. 먹는 식물이다 보니 씨앗을 구하기도 쉬워 새롭게 만든 정원에 조금이라도 남은 구석이 있다면 잠깐 파종해 두어도 부담이 없습니다.

　　여러해살이풀 중에서도 마치 일년초처럼 기르는 식물이 몇 있습니다. 대표적으로 매발톱꽃 종류는 정원에 심어두면 마치 스스로 자리를 옮겨 다니는 것처럼 느껴지며 여기저기에서 모습을 드러냅니다. 다양한 형태가 존재하는데 키가 조금 크고 아래를 향해 피는 유럽매발톱을 좋아합니다. 이 종은 유럽에서 옮겨온 것으로 보라색 꽃을 피우는데, 계속 기르던 아이를 깻잎 밭으로 옮겨보았으나 잘 자라지

전호

않습니다.

    우리나라 산에서 자라는 매발톱도 원하는 모습과 잘 들어맞습니다. 이 종은 위쪽은 연한 자줏빛이 맴돌고 아래는 노란색을 띠고 있습니다. 이 색 조합은 유럽매발톱에서는 볼 수 없기에 더 특별합니다.

    전호는 고수를 닮았지만, 씨앗을 뿌린 첫해에 바로 꽃을 보지는 못했습니다. 처음 숲정원에서 보고 싶어 뿌려 두었던 아이들이 자라서 풀밭정원으로 번져나갔고, 이곳에서 더 좋은 모습으로 자라고 있습니다. 전호의 시간은 짧고 곧 다른 녹색에 묻혀 흐려질 테지만 잠시나마 꽃피어 있는 순간은 정말로 멋지고 아름답습니다. 마치 꽃다발에 안개꽃처럼 주변 모든 식물의 배경이 되어줍니다. 그 사이에 숨어

있는 꽃도 덜 예쁘고 무엇보다 가만히 두면 너무 번질 위험이 있으므로 함께 기르지 않고 뽑아냅니다.

이들을 충분히 즐기고 나면 이제 본격적으로 여러해살이풀의 시간이 시작됩니다. 일년초들은 공간의 여유가 있는 정원에서 가장 좋은 모습을 보여주기에는 해가 지났고 식물들이 더 성장하여 빈곳이 사라지면 점차 줄어들어 보기 어려워집니다. 그렇지만 어디엔가 씨앗은 숨어있고, 여러해살이풀을 다른 곳에 옮겨 빈자리가 생기면 또다시 볼 수 있습니다.

초여름,
산딸나무가 필 무렵

초여름

시선은 풀밭정원으로

 봄의 나무가 빈 가지에서 꽃만 피운다면, 초여름을 알리는 나무들은 초록 잎 사이에서 꽃을 피웁니다. 산딸나무의 하얀 꽃이 나무를 뒤덮기 시작하면 정원사의 복장은 점차 가벼워지고 땀을 흘리는 날이 늘어납니다.

 약석잠풀은 제 정원에 햇빛이 비치는 곳이라면 어디서든 잘 자라기에 특히나 좋아합니다. 작은 아이일지라도 일 년이면 몰라볼 만큼 자라 금방 정원을 풍성하게 만듭니다. 길쭉한 모양의 꽃줄기는 꼿꼿하여 흔들림이 없고 꽃이 진 후에도 오래도록 정원에 남아 보기 좋습니다. 제가 기르는 아이들은 모두 보라색이지만, 분홍색이나 흰색으로 피는 품종도 있습니다. 언젠간 꼭 길러 보고 싶습니다.

약석잠풀

저는 길쭉한 모양의 꽃줄기를 가진 식물을 좋아하는데, 약석잠풀을 알기 전까지는 좀 더 부드러운 느낌의 꼬리풀 종류를 많이 길렀습니다. 꽃은 파란색, 분홍색, 흰색으로 훨씬 다양하고 모두 어렵지 않게 구할 수 있습니다. 그러나 그중에는 억지로 꾹꾹 눌러 놓은 것처럼 보이는 키가 작은 품종이 대부분인데, 우리나라에선 꼬리풀이 아닌 다른 정원식물도 키가 작게 개량된 품종들이 더 자주 보입니다. 아마도 우리나라는 이런 식물들을 비료를 많이 넣고 기르는 탓에 식물이 웃자라는 데다가, 여름에 부는 태풍에 쓰러지는 것이 싫어 키가 작은 품종들을 선호하는 것 같은데, 그게 참 어색해 보입니다.

꼬리풀 '핑크 다마스크'는 분홍색 꽃이 예쁘게

피는 품종으로 까다로운 제 기준에 딱 맞는 품종 중 하나입니다. 마치 작은 꽃이 핀 꽃범의꼬리처럼 보이며 정원에서 마구 번지지도 않습니다. 꽃은 벌과 나비가 좋아해 꽃이 필 때면 정원에 많은 생기를 불어넣어 줍니다. 꼬리풀보다 조금 나중에 피는 긴산꼬리풀은 우리나라에서 자라는 식물로 연한 파란색 꽃이 참 우아합니다. 같은 이름으로 부르며 흰색으로 피는 긴산꼬리풀 '알바'도 있습니다만, 잎을 보면 완전히 달라 보입니다. 아마도 꼬리풀 종류도 교잡이 잘 일어나기에 나타나는 현상인 것 같습니다.

꿩의다리 종류는 제가 오래전부터 좋아하던 식물이었습니다. 정원을 꾸미기 전 식물을 조금씩 알아가던 날에 더운 숲길에서 만난 꿩의다리는 제 마음을 사로잡았고, 정원사가 되었을 때 그 기억을 살려 잘 길러 보고 싶었습니다. 그러나 마음과는 다르게 기르던 금꿩의다리가 자꾸 꺾이고 쓰러지는 탓에 제대로 즐길 수 없었고 한동안 잊고 지냈습니다.

화순의 정원에서 돌아와 문득 다시 꿩의다리를 기르고 싶어졌습니다. 그러면서 이 커다란 식물을 지지대 없이 기르는 방법을 알게 되었는데, 강한 햇볕이 내리쬐는 공간에서 기르는 것이었습니다. 정원에서는 어떤 식물이든 환경을 최대한 비슷하게 맞춰 주려고 꿩의다리 종류들을 반그늘에서 길렀는데, 오히려 방법을 조금 바꿨더니 원하는 답을 찾게 되었습니다. 이제는 어떤 식물을 야생의 조건 그대로 기른다는 것이 고정관념처럼 느껴집니다. 자생지와 정원은 비슷해 보여도 전혀 다를 테니까요. 그렇게 쓰러지지 않는 꿩의다리를 정원에서 볼 수 있게 되었고, 이들은 제가 기대했던 우아한 수직의 모습을 보여줍니다.

큰꿩의다리는 하나하나가 화려한 꽃을 피우진 않지만, 전체적으로 아주 옅은 노란빛 연무를 정원에 가져옵니다. 꽃이 한창일 때는 아치형으로 휘기도 하지만 연한 조직이 떨어지고 난 뒤에는 다시 얇은 줄기만 남아 곧게 섭니다. 꽃은 벌이 즐겨 찾는 자리이며 한여름에 정원을 밝게 빛냅니다. 큰꿩의다리가 2m 넘는 것에 비해, 좀꿩의다리는 1m 이내로 꽃은 거의 비슷합니다. 이들은 너무 작아 가끔은 잊고 지내는데, 큰개기장 사이에서도 살아남을 만큼 약하지는 않습니다.

리아트리스는 수직으로 자라는 줄기에 가느다란 잎과 꽃이 딱 붙어 피어납니다. 다른 첨탑 모양의 꽃들 대부분이 아래에서 위로 올라가면서 꽃 피지만, 리아트리스는 독특하게 위에서 아래로 내려가면서 핍니다. 이 때문에 리아트리스의 꽃은 언제 끝나는지 짐작할 수 있습니다. 꽃이 정원에 머무는 동안 벌과 나비의 사랑을 독차지합니다. 꽃이 지고 솜털이 있는 열매가 생기면 리아트리스를 피해서 다니는데, 이 솜털은 옷에 스치기라도 하면 줄기에서 탈출해 정원으로 떨어집니다. 식물에 문제가 될 것은 없

버지니아냉초 '패시네이션'

지만, 단지 겨울까지 통통한 씨송이를 보고 싶어 조심하는 행동입니다.

에린지움의 파란색은 독특합니다. 이들은 햇빛이 강하며 너무 습한 토양이 아닌 곳이 좋다고 하지만, 숲정원의 반그늘에서도 싹을 틔우기에 완전히 커지기 전에 적절한 장소로 다시 옮기곤 합니다. 겨울까지도 예쁜 모습으로 남는 다른 에린지움과는 다르게, 이 종은 아쉽게도 남는 모양이 예쁘지는 않습니다.

풀밭에서는 다른 식물들보다 조금 더 높이 자라는 식물이 눈길을 끕니다. 우리나라에는 냉초가 큰 키로 자라 그런 모습을 보여주는데, 가져올 방법이 없어 제 정원에서 직접 기르지는 못했습니다. 대신 버지니아냉초 '패시네이션'을 기르며 아쉬움을 달랩니다. 연한 보라색 꽃이 예쁘고 정원에서도 잘 자라지만, 다 커도 1.2m 정도로 작게 자라는 품종이라서, 애초 생각했던 냉초처럼은 자라지 않습니다.

깻잎 밭에 비가 내리면 아주 오래 물이 빠지지 않고 질척거리는 장소에 좁쌀풀이 자랍니다. 좁쌀풀은 습하고 양지바른 곳에서 잘 자라기에 이런 토양도 문제없어 보입니다. 좁쌀풀은 이미 자리를 잘 잡은 자주등골나물 사이까지 번져 자연스럽게 그 주변을 채우고 있습니다. 꼿꼿한 줄기는 꽃이 진 후에도 쓰러지지 않고 오래 버티며, 가을이 되면 잎은 모두 떨어지고 줄기 위에 작은 구슬 같은 씨송이를 남깁니다.

좁쌀풀

느릅터리풀은 새하얀 안개처럼 보이는 꽃을 피웁니다. 유럽의 축축한 초지에서 자란다는 말에 깻잎 밭에 적응할 줄 알았는데, 너무 어린 모종은 오래도록 자리를 제대로 잡지 못했습니다. 이 식물이 자라는 모습을 꼭 보고 싶었기에 토양이 좋은 상추밭에서 몸집을 키워 다시 옮겼더니, 마침내 자리를 잘 잡았습니다. 습한 토양은 문제가 되지 않지만, 비가 오지 않아 건조한 날씨가 이어지면 힘들어하는 것처럼 보입니다.

초여름

초여름의 새풀

　　정원에서 기르는 새풀은 성장 온도를 기준으로 두 종류로 나눌 수 있습니다. 서늘한 온도에서 자라는 아이와 더운 여름에도 잘 자라는 아이. 시원한 온도를 좋아하는 아이들은 지난가을부터 겨울 그리고 봄까지 꾸준히 성장했고, 초여름에 꽃을 피워 초원에 멋진 분위기를 선물합니다.

　　가장 먼저 눈길을 끄는 새풀은 능수참새그령으로 가느다란 잎 뭉치 위로 그보다 더 긴 꽃줄기를 가득 올려 바람에 흩날립니다. 원래는 남아프리카에서 자라던 식물인데, 우리나라에서 도로를 만든 뒤 뿌리는 식물 중 하나로 도시에서도 종종 볼 수 있습니다. 제 정원에는 우연히 다른 식물로 알고 데려왔던 화분에 심어 자리를 잡았는데, 원했던 식물보다 더

능수참새그령

만족스럽습니다. 이런 우연은 언제나 환영이에요.

    털수염풀 혹은 가는잎나래새라고 부르는 식물은 이제 어디서든 쉽게 볼 수 있는 정원식물이 되었습니다. 얇은 잎들이 뭉쳐 자라고 바람에 우아하게 흔들리는 모습이 보는 사람을 기분 좋게 만드는 것 같습니다. 어디서든 잘 자라는 것처럼 보여도 이들은 건조하고 척박한 걸 좋아해 습한 제 정원에서는 한여름이 되면 녹아서 사라져 버립니다. 그러나 일년초처럼 다음 해에 어딘가에서 씨앗으로 자라나는 아이들이 생깁니다. 요즘엔 정원에 다른 식물들이 성장하여 빈 곳이 거의 없는 탓인지 많이 줄었습니다. 그마저도 정원 속은 없고 길 주변에서만 조금 자라고 있습니다.

산겨이삭은 정원 주변의 풀밭과 잔디밭에서 자랍니다. 정원의 새풀을 공부하기 시작하면서 알게 되었습니다만, 어디서든 쉽게 볼 수 있고 여러분의 정원에도 자라고 있을지 모릅니다. 이렇게 많이 자라는 풀을 왜 그동안 존재조차 몰랐는지 신기할 따름입니다. 아마도 우리나라에서 산겨이삭이 필 무렵이면 사람들이 첫 풀베기를 시작하기에 오래도록 볼 수 없던 이유일 것도 같습니다. 그런 산겨이삭을 정원에 옮겼더니 털수염풀과는 다르게 잎은 짧고 꽃줄기가 길게 나와 이삭만이 바람에 날려 또 다른 모습을 보여줍니다. 자연 발아는 잘 되는 편으로 작고 어릴 때도 이삭을 몇 개 매달고 있어 귀엽지만, 기르던 다른 식물과 맞닿은 장소에서조차 덩치를 제법 키우니 기르던 식물 주변에는 자라지 못하게 정리하는 게 좋습니다.

방울새풀은 유럽에서 자라는 식물인데, 방울처럼 매달리는 열매를 보고 누군가 이름을 붙인 것인지 입에 착 달라붙습니다. 무릎 높이로 자란 이삭은 풀밭정원의 식물들 사이에서 자연스럽게 연결되어 바람에 흔들립니다. 제 정원이라서 그런지 모르겠지만 그다지 주변으로 번지지는 않고, 종종 다른 식물들 틈에서 자란 어린아이들을 볼 수는 있습니다.

이른 여름꽃을 볼 수 있는 새풀이라면 바늘새풀 '칼 푀르스터'를 빼놓을 수 없습니다. 꼿꼿이 선 채로 자라는 모습은 직접 보아도 그리고 사진으로도 아

바늘새풀 '칼 푀르스터'가 자라는 풀밭정원

름답기에 외국 정원사들의 사랑을 듬뿍 받았고, 지금은 우리나라에서도 많이 기르고 있습니다. 유럽의 정원에서 이 식물은 겨울까지 그 모습을 유지하지만, 우리나라에서는 비바람 몰아치는 여름의 장마와 태풍을 견디지 못한 채 하나둘 꺾이기 시작합니다. 이 시기에 피는 새풀의 공통적인 특징처럼 보입니다. 제 정원에서는 늦여름부터 피기 시작하는 새풀 사이에 듬성듬성 심어 가을에 빈 곳이 생기지 않도록 신경 쓰고 있습니다.

초여름

남아있는 숲정원의 여운

 태양이 높아지고 나무에 돋아난 새잎이 모습을 갖춰가면, 숲정원엔 그늘이 조금 드리워집니다. 늦겨울부터 다양하게 피고 지던 아이들은 이제 잠시 주춤해졌고, 그 모습에서 봄이 지나갔음을 느낍니다. 예뻤던 헐떡이풀은 새 꽃줄기를 내어 여전히 반짝임을 더하고, 동시에 먼저 피었던 꽃은 열매로 변해갑니다. 이른 봄에 나타났던 작은 식물은 큰 잎과 큰 키의 식물들로 가려졌고, 어느 순간 시나브로 사라져 버립니다.
 숲정원의 중앙과 가장자리에는 수국 '마리에시 퍼펙타'가 자랍니다. 보통 수국이라고 하면 공 모양의 꽃을 떠올리지만, 산수국처럼 원반 모양의 수국 품종도 많이 있고, 정원에서는 이 형태를 '레이스캡'

수국 '마리에시 퍼팩타'

이라고 부릅니다. 레이스캡 형태를 좋아해서 이 품종을 선택했는데, 꽃의 중앙은 좀 진한 파란색이고 꽃잎 가장자리는 좀 더 옅은 색입니다. 하나하나는 공 모양에 비해 덜 화려할지 몰라도, 먼 곳에서 나무 전체를 보면 공간과 어울리는 것이 훨씬 자연스러워 보입니다. 가만히 내버려 두면 2m까지도 자라지만, 매년 봄 새롭게 전정하여 1m가 넘지 않게 유지하고 있습니다. 또 다른 수국으로는 미국수국 '애너벨'이 있습니다. 미국수국은 옆으로 번지며 자라는 독특한 특징이 있어, 숲정원의 경계에서 삼백초가 다시 넘어오는 것을 막아줍니다. 꽃을 자르는 정원사도 있지만, 겨울에 볼 수 있는 멋진 모습이 사라지므로 가능하면 계속 남겨둡니다.

미국수국 '애너벨'

길레니아 꽃은 하얀 별처럼 생겼습니다. 이 식물은 우리나라에서 자라는 어떤 식물과도 닮지 않았고, 전 세계적으로 북아메리카 동쪽 숲에서만 발견되는 식물입니다. 위로 길게 자라는 줄기는 아주 정교하게 갈라지며 작은 덤불 모양처럼 자라서 가을에 드는 단풍이 예쁘다고 합니다. 하지만 제 정원에서는 여름에 흔적도 없이 사라지는 탓에 아쉽게도 그 모습을 보지 못했습니다. 이곳저곳 옮기면서 시도하고 있지만, 꽃을 본 후에는 꼭 사라지고 날씨가 다시 선선해지면 새롭게 돋아나는 걸 반복하고 있습니다.

가는범꼬리는 가느다란 흰 꽃이 피는 식물로 티아렐라와 숲플록스 이후에 꽃 피는 모습을 볼 수 있도록 심었습니다. 이들은 양지부터 밝은 그늘까지

가는범꼬리

잘 자라지만, 비교하자면 햇빛에서 기른 아이들은 멋진 모습으로 자랐으나 숲정원에서는 매력이 훨씬 떨어집니다. 최대한 밝은 빛을 받을 수 있도록 겨울에 나무를 솎았는데도, 숲정원 그늘은 이들이 자라기에는 조금 짙은 것 같습니다. 아스트란티아 역시 숲정원에서 잘 자라지 못해 아쉽습니다.

빛을 좋아하는 노랑디기탈리스는 숲정원에서 나무 그늘이 없는 곳에 심었습니다. 이 아이는 분홍색부터 흰색으로 꽃 피는 디기탈리스에서는 볼 수 없는 연한 노란색이며 키는 좀 더 작습니다. 그리고 정원에서 기르는 디기탈리스 종류들이 두해살이이거나 수명이 짧은 데 반해, 이들은 수명이 좀 더 길고 오래 살아남습니다. 이 연한 꽃 색은 연녹색 배경에 녹아들고 멀리서 보면 있는 듯 없는 듯합니다.

자연을 닮은 정원을 만드는 데 있어서, 무엇보다 중요한 것은 어떤 식물을 반복해서 심어야 하는 것인데 작은 정원에서 식물의 가짓수를 늘리다 보면 반복해서 심기 어려워집니다. 숲정원을 만들면서 심지 않겠다고 결심한 식물은 노루오줌 종류로 이유는 단순하게 너무 예쁘기 때문입니다. 노루오줌이 있다면 심었을 자리에 다른 식물을 더욱 반복해서 심습니다. 이 반복은 아주 쉽게 할 수 있지만, 분명히 자연스러운 분위기를 만드는 데 도움이 됩니다. 그러고도 남은 아쉬움은 작은 노루오줌이 떠오르는 한라개승마를 심어서 달랩니다.

우리나라에서 자라는 잎이 예쁜 비비추도 이 시기에 보랏빛 꽃을 볼 수 있는 종류입니다. 비비추는 삼백초밭에 원래 살았고, 다른 식물을 모두 캐내는 동안 단풍나무 아래에서 자라는 모습이 줄곧 제자리인 듯 자연스러워 유일하게 일부러 남겼습니다. 이후에 다른 비비추 품종들을 심었는데 이들 사이에서도 작은 잎이 앙증맞고 여전히 예쁘게 자라고 있습니다.

환경에 맞지 않는 식물을 억지로 기르려 하지는 않지만, 애기금낭화 종류는 어떻게든 잘 길러 보고 싶습니다. 이들은 우리나라에서 자라는 금낭화와는 다르게 키는 낮고 뿌리줄기로 번지는데, 잎은 섬세하게 갈라진 모습인 탓에 꽃이 없어도 우아한 지피식물 역할을 합니다. 여러 번 시도한 끝에 애기금낭화 '럭셔리언트'를 매년 볼 수 있는 자리를 겨우 찾긴 했습니다. 하지만 언제나 조마조마할 정도로 연약하게 자라다 보니, 시간이 지나 우아한 잎들이 땅을 뒤덮는 장면을 볼 수 있을지 모르겠습니다. 그 아쉬움은 개족도리풀로 달래봅니다. 잎은 심장 모양으로 단정하며 흰색 무늬는 진하거나 연하게 스며들어 전혀 다르지만, 땅을 예쁘게 덮는 식물 중 하나입니다. 아주 느린 속도로 번지는 탓에 이들이 뿌리줄기를 가지고 있다는 사실이 조금은 놀랍습니다. 잎이 완전히 보이기 전에, 땅에 붙어 피어나는 작은 갈색 꽃은 다른 색색의 꽃들을 보느라 거의 신경을 쓰지 못한 채 지나갔고, 이제야 남은 잎을 바라봅니다.

    숲정원 가장자리 텃밭에는 당근꽃을 닮은 왜당귀가 하얀 안개를 만들었습니다. 정원 밖 모습이지만, 마치 숲정원에 있는 것처럼 보입니다. 왜당귀는 반그늘에서도 자라는 비교적 작은 산형과 식물이기에, 텃밭에서 자라난 작은 새싹을 마치 스스로 번진 것처럼 보이도록 숲정원에 심습니다. 시간이 오래 지나야 일어날 일을, 정원사가 움직임으로써 의도적으로 조금 앞당길 수 있습니다.

초여름

오묘한 양치식물들

양치식물 혹은 고사리라고 부르는 식물들은 종류도 다양하고 꽃이 피는 식물들에서는 느낄 수 없는 전혀 다른 분위기를 품고 있습니다. 많은 종류가 그늘진 곳에서 볼 수 있기에 어둡고 축축한 분위기를 전달하는데, 전부가 그런 환경에서 사는 것은 아니라서 정원에서는 조금 더 자유롭게 심고 기를 수 있습니다.

양치식물에 관해 잠깐 이야기하자면, 잎처럼 보이는 녹색 부분은 과학적으로 따졌을 때 잎이 아닙니다. 침엽수의 생식기관을 꽃이라고 부르지 않는 것처럼 보통 양치식물의 잎이라고 불렀던 녹색 부분은 '양치잎'이라고 하는 것이 옳습니다. 저도 외국 정원 책을 읽다 처음 접한 단어인데, 외국 정원사들은 이런 부분까지도 잘 구분하고 있다는 것이 참 대단하고 배울 점이 많다고 깨닫습니다. 그러나 저도 아직은 의식해서 말하는 단계라 보통의 대화에선 잎이라고 하는 게 편하긴 합니다. 양치잎이 펼쳐지고 난 뒤에는 정원에서 시간을 보낼 때 특히나 이들이 다치지 않도록 조심히 다룹니다. 다른 식물들은 금방 다시 자라나거나 성장하여 그 모습을 회복하기도 하지만, 이들은 새로운 양치잎이 자라는 기간이 길어 이듬해에 새롭게 나오는 것을 기다리기까지 다친 모습을 오래 보아야 할지도 모릅니다.

양치식물을 잘 모르는 정원사라도 십자고사리만큼은 쉽게 구분할 수 있을 겁니다. 십자고사리의 양치잎은 3방향으로 갈라지고 직각으로 뻗어 'T'모양을 하고 있는데, 한번 이 모습을 기억하면 다음 어딘가에서 만났을 때 자신감 넘치게 말할 수 있습니다. 정원에 다른 양치식물들은 새싹을 올리는 시간이 조금 늦은 편이지만, 십자고사리는 봄에 가장 먼저 양치잎을 펼치고 자리 잡습니다.

우리나라에서 자라는 공작고사리는 자연에서 쉽게 볼 수는 없지만, 정원에서 잘 자라고 좋은 모습을 보여주어서 가장 좋아하는 양치식물입니다. 손바닥 모양의 양치잎은 정교하게 다듬은 것처럼 갈라지며, 전체적으로 뻣뻣하고 굳센 모양으로 다른 양치식물과는 확연히 구분됩니다. 공작고사리의 양치잎은 비교적 늦은 5월 중순에 펼쳐지지만, 바로 옆에

공작고사리

심어둔 십자고사리는 벌써 모습을 갖추었습니다. 느리지만 그 구조는 겨울까지 그대로 유지되고 정원을 정리하는 순간까지도 아까울 만큼 튼튼합니다.

지금은 아무런 관심을 주지 않아도 잘 자라지만, 처음엔 이 멋진 양치식물을 기르면서 정말 많은 실패를 겪어야 했습니다. 처음에 심은 아이들이 모두 잘 자라지 않았을 때는 정원이 너무 더워 공작고사리가 자라기 어려운 환경인가 했습니다. 그러나 시도를 계속하면서 성공하지 못한 이유 한 가지를 찾았습니다. 그전까지 저는 가을에 식물을 옮기거나 뿌리를 나눠 번식했는데, 이것이 문제였습니다. 자료를 찾아보니, 이미 외국에서는 공작고사리와 대부분의 양치식물은 봄에만 옮겨 심는 것이 좋다고 하

홍지네고사리

는데, 오래 고민하면서도 왜 이 자료를 보지 못했는지 놀랍습니다. 단지 계절만 바꿨을 뿐인데 결과는 대성공, 지금은 어느 식물보다 숲정원에서 좋은 모습입니다. 비록 몇 번의 실패는 있었지만, 잘 자라주어 기쁩니다.

양치식물 중 가장 멋지고 인상적인 새싹은 홍지네고사리라고 생각합니다. 현란한 무늬 잎이 없는 숲정원에서 독특한 붉은 빛으로 올라오는 홍지네고사리는 눈길을 사로잡습니다. 이 붉은빛 양치잎은 정원에서 전혀 어색함이 없고, 여름이 다가오면 녹색으로 변해 다른 식물과 잘 섞여 들어갑니다.

홍지네고사리를 닮았지만, 새 양치잎이 녹색으로 자라는 곰비늘고사리도 주변에 함께 자라고 있습니다. 곰비늘고사리와 함께 있어서인지 홍지네고사리의 새 양치잎은 더욱 독특해 보입니다. 홍지네고사리의 양치잎이 녹색으로 변하면 멀리서 보았을 때 곰비늘고사리와 구별이 거의 되지 않아 한 종류의 식물이 자라는 것 같습니다. 둘은 숲정원의 가장 어둡고 습한 장소에서 크고 굳세게 자리를 지키고, 주변 식물들은 이들이 만들어 준 흐름 속에서 자유롭게 흩어져 살아갑니다.

산족제비고사리는 텃밭의 가장자리 경사가 심한 곳에 살았습니다. 자라는 모양이 정원의 식물과 다르지 않아 보여 옮겼는데, 좋은 선택이었습니다. 표면이 건조해 보이고 얕은 굴곡이 있는 양치잎을 가진 것이 특징으로, 심은 자리가 마음에 들었는지 해마다 커져 근처에 있던 작은 식물들을 가려버립니다. 작은 아이들은 빛을 더 받을 수 있게 다른 곳으로 옮겨야겠습니다.

골고사리는 양치식물이라고 하면 보통 떠오르는 생각과 다르게 양치잎에 갈라짐이 없습니다. 한 종이 아닌 것 같지만 실내에서 기르는 '아비스'라는 식물과 닮았으며, 전체적으로 작고 주위에 깅해 밖의 정원에서 기를 수 있습니다. 좀처럼 흔들리지 않는 골고사리와 주변에서 하늘거리는 청쌀새와 만나 더 좋은 분위기를 만드는데, 아마도 둘은 실제 자연 상태에서는 이렇게 함께 자랄 것 같지는 않습니다.

청나래고사리는 힘 있는 모습으로 솟아오릅니

다. 양치잎은 다른 양치식물에서 보기 힘든 밝은 녹색으로 무척 청명하고, 뿌리줄기를 통해 옆으로 번져나갑니다. 그렇기에 촉촉하고 밝은 그늘에 청나래고사리를 가만히 내버려 두면 작은 식물을 밀어내고 점차 세력을 넓히는 문제를 일으킬지도 모릅니다. 다행히도 제 정원에서는 걷잡을 수 없게 빠른 속도로 자라는 것은 아니어서, 자라는 곳을 벗어난 아이들은 살짝 떼어 없애거나 다른 곳으로 옮겨둡니다.

 황고사리는 옆으로 번지지만 섬세하게 갈라진 잎으로 땅을 채우는 모양이 좋습니다. 정원에서도 옆으로 번지지만 느슨하게 자라기에 그 아래에서 자라는 깃도깨비부채와 작은 봄 구근이 뚫고 올라오는데 전혀 문제가 없습니다. 작은 봄 구근이 사라져도 황고사리 잎은 그대로 남아 도깨비부채 아래 틈새를 메우고 있어 정원은 언제나 풍성해 보입니다.

 기르고 있는 몇 종류에 관해 설명했지만, 저는 양치식물을 잘 알지 못합니다. 심지어 정원에서 함께 하고 있으나, 이름을 몰라 기록하지 못한 아이들도 있을 정도입니다. 이 매력적인 아이들과 더 시간을 쌓고 언젠간 이름을 불러주어 나중에는 지금보다 더 많은 이야기를 할 수 있도록 배워 가겠습니다.

초여름

풀은 뽑아야 할까

초여름은 풀 뽑기 계절. 정원을 자주 들를 수가 없어 지금 풀매기해야 여름에 그나마 조금 편안하게 정원을 다녀갈 수 있습니다. 지금 막 돋아나는 풀들이 보기에 그리 나쁘지 않아 미루게 되면, 다음엔 무서운 모습을 마주하게 됩니다.

이 일은 오랜 경험 끝에 얻은 것입니다. 처음 정원을 가꾸기 시작하면서 '잡초'라고 불리는 존재에 대해 정말 많이 생각했습니다. 지금은 아니지만, 자연정원이라는 분야로 접근하게 된 것도 정원에서 많은 일을 하지 않아도 된다는 이유가 분명히 있었습니다. 자연정원을 가꾸게 되면 잡초보다 심어둔 식물이 더 잘 자란다는 말이 어쩌나 마법 같던지, 지금 생각해 보면 참으로 아는 게 아무것도 없던 시절입니다. 또한 자연과 땅을 살리며 농사짓는 자연농법에 관심이 많았습니다. 기르려는 식물을 풀을 뽑지 않은 채 함께 자라게 두어도 된다는 말 역시 또 다른 마법처럼 들렸습니다만, 이 방법은 제가 잘못 이해한 것이기도 합니다. 그래서 처음엔 무작정 스스로 자라나는 풀을 뽑지 않았고, 너무 커 보이는 아이들만 일부 잘랐습니다. 할머니는 도저히 제 행동을 이해하지 못했고, 저는 괜찮다며 계속 지켜보자고 했습니다.

결과는 그리 좋지 않았습니다. 제법 큰 상태로 옮긴 식물은 어찌어찌 살아남았지만, 어린 모종들은 자리를 잡기도 전에 더 빨리 성장한 풀 때문에 모두 사라져 버렸습니다. 아마도 제가 정원에 없는 동안 할머니가 몰래 일부는 뽑으셨을 텐데, 그렇지 않았더라면 정원은 더 심각한 모습으로 남았을지도 모르겠습니다.

방법을 바꿔 몇 해 더 시도해 보았지만, 정답이라고 할 것은 찾지 못했습니다. 그러나 몇 가지 새로운 시선을 얻었습니다. 우선 어떤 식물이든 심거나 옮긴 첫해에는 잘 돌봐줘야 합니다. 비가 오지 않은 날이 계속되면 물도 주고 주변에서 다른 풀이 가리지 않도록 잘 신경 써준다면, 다음 해부터는 주변에서 자라는 풀보다 훨씬 더 강하게 자라 손이 덜 가게 됩니다. 스스로 돋아나는 풀의 성격은 모두 같지 않습니다. 어떤 풀은 정원에서 큰 문제 없이 안정적이지만, 어떤 풀은 정원을 자기만의 세상으로 바꾸려고 듭니다. 이건 정원 환경에도 차이가 있어, 어떤 곳에서 괜찮던 식물이 다른 곳에서는 문제가 될 수 있습니다.

마지막으로 제가 조금 변하게 된 것인데, 정원을 디자인적 관점으로 바라보게 된 것입니다. 처음 이곳에 식물을 심던 순간에는 '어떤 식물이든 잘 자라기만 한다면 어떻게 심어도 예쁠 거야'라고 단순하게 생각했습니다만, 시간이 지나면서 어떤 식물을 어떻게 그리고 얼마만큼 심을지 신중하고 다양하게 생각할 수 있게 되었고, 그때 심지 않은 풀들이 얼마나 제가 생각했던 의도를 망가뜨리는지도 알게 되었습니다.

이런 몇 가지 경험이 합쳐져 풀에 관한 생각이 조금 정리가 되었습니다. 정원과 땅을 길들인다는 표현이 적절한지 모르겠습니다만, 그동안 매년 교란이 일어나던 밭에 여러해살이풀을 심고 관리를 통해 길들이니 어지럽던 때를 생각하면 참으로 만족스럽습니다. 풀은 뽑아야 한다는 할머니의 말씀을 한여름의 더위와 모기와의 다툼을 경험하고 나서야 비로소 알게 되었지만, 아마도 이런 과정은 할머니 텃밭이 아니었다면 실제로 경험하기 어려웠을 것입니다.

한여름,
배롱나무가 필 무렵

한여름

무성한 초록

장마가 지났고 텃밭 입구의 배롱나무는 붉은 꽃을 피우기 시작했습니다. 이 계절에 햇볕은 오전에도 너무 뜨거워 정원엔 아침 일찍 도착하도록 서두릅니다. 풀에 맺힌 아침이슬이 바지 밑단을 적시고, 습도는 마치 물고기가 공중에서 헤엄칠 수도 있겠다 싶은 정도입니다. 아무것도 하지 않았는데 온몸엔 벌써 땀이 맺힙니다. 이런 숨 막히는 더위와 타들 것 같은 햇빛 아래서 식물들은 어떻게 버티는 것인지, 풀밭정원은 올해 자라난 녹색 잎으로 무성한 초록 그 자체입니다.

오이풀은 멀리서 보면 그다지 눈에 선명하게 들어오지는 않지만, 가까이 가보면 가늘고 긴 꽃줄기 끝에 피는 작은 공 모양의 와인색 꽃이 인상적입니

오이풀

다. 건조한 토양에서 쉽게 볼 수 있는데, 정원에서는 자갈이든, 진흙이든 빛이 강한 장소라면 가리지 않고 잘 자랍니다. 이 꽃줄기는 쓰러짐이 심해 정말로 척박한 토양에서 기르든지, 쓰러짐을 막아주든지 둘 중 하나를 선택해야 합니다. 쓰러짐을 선택했다면 어딘가에 기댈 수 있게 하거나 넘어진 모습을 가려줄 식물을 함께 심어주는 것이 좋습니다.

볼토니아는 쑥부쟁이 종류를 만나기에는 조금 이른 계절에 피어납니다. 땅속에서 뿌리줄기를 뻗어 자라는 습성과 큰 키는 우리나라에서 자라는 개미취를 정말 많이 닮았습니다. 이들은 심어둔 자리를 벗어나 정원의 끝까지 번졌고, 구근 사이에도 모습을 드러내고 흰 꽃으로 정원을 예쁘게 수놓습니다.

루드베키아 트릴로바

볼토니아의 흰 꽃은 등골나물로 이어집니다. 자연정원을 접하기 전에는 아무런 관심도 감흥도 없었지만, 이곳에서의 시간이 등골나물을 다르게 보이도록 만들었습니다. 꽃이 솜털 모양의 열매로 변할 즈음엔 저절로 쥐깨풀이 올라와 함께 어우러지는 모습을 보여줄 텐데, 좋아하는 조합이기에 언제나 기다리고 있습니다. 재밌는 사실은 등골나물과 쥐깨풀 모두 정원에 직접 심은 것이 아니라, 풀을 뽑지 않고 기르던 중 어딘가에서 날아와 자라난 것입니다.

루드베키아는 빛이 강한 장소라면 씨앗만 뿌려두어도 자라 커다란 노란색 꽃을 보여줍니다. 이런 루드베키아는 신기하게도 꽃잎처럼 보이는 혀꽃의 수가 다르고 검은색 무늬도 정도가 달라 꽃이 모두 제각각입니다. 제 작은 정원에서 이 다양함은 복잡한 어지러움으로 이어질 수 있어 루드베키아 '인디언 섬머'를 기릅니다. 까만 무늬가 없는 선명한 노란색 꽃이 피는 품종으로 혀꽃이 넓은 탓에 꽃은 조금 더 커 보입니다. 이 형태는 씨앗으로 유전되고 정원 주변에 다른 루드베키아는 없어서 매번 같은 모습을 즐기고 있습니다.

루드베키아 가족이라면 그중에도 루드베키아 트릴로바가 조금 더 좋습니다. 이 종은 작은 노란 꽃이 덤불 형태를 이루며 피는데, 루드베키아가 작게 핀다는 점이 마음에 쏙 듭니다. 건조하고 척박한 토양에서는 부담스럽지 않은 크기로 자라지만, 비옥한 토양에서는 스스로 절제하지 못하고 커져서 쓰러져 버립니다. 이들은 씨앗으로 잘 번지므로 간혹 조절이 필요할 수도 있습니다.

시호는 노란색 꽃이 피는 산형과 식물로 개체 하나하나는 가늘고 연한 모습입니다. 또렷한 구조를 가진 식물 주변으로 시호를 자라게 하면 그곳에 부드러운 노란 안개를 불러일으킵니다. 꽃이 한창일 때는 잘 안 보이더라도, 열매가 생길 무렵에는 눈에 띄게 자란 산호랑나비의 애벌레를 볼 수 있습니다. 식물을 모두 먹어버릴 것 같지만, 언제나 씨앗을 조금 남기고 그 씨앗은 땅에 떨어져 새롭게 자라고 번져나갑니다.

바다나물은 와인색 꽃을 가진 또 다른 산형과

식물입니다. 같은 색 꽃이라면 더 크고 둥근 모양으로 피는 참당귀를 정원에서는 더 많이 기릅니다. 바디나물은 참당귀에 비해 분명 화려함이 덜하지만, 축축한 토양에서도 잘 자란다는 다른 점이 있습니다. 또 참당귀는 꽃이 핀 후에 개체가 사라지는데, 바디나물은 해마다 같은 자리에서 계속 모습을 보여 줍니다.

개곽향은 비닐하우스 가장자리에서 처음 만났습니다. 정원에서 마구잡이로 자라 골칫덩이인 박하 종류가 생각나는 모습이지만, 분홍색으로 피는 꽃이 예뻐서 후회할지라도 길러 보고 싶었습니다. 정원에 심었더니 기는줄기로 심은 자리를 벗어나 이미 자리 잡은 식물 사이를 채우는 모습이 마치 작은 모나르다처럼 느껴집니다. 걱정했던 것만큼 번지지는 않아서 다행입니다.

솔잎금계국 '자그레브'는 좀 더 촘촘하게 옆으로 번집니다. 줄기와 잎이 모두 가늘고 단단하지 않아 떨어져서 바라보는 질감이 부드러워 참 좋습니다. 그 끝에 선명한 노란색 꽃이 필 무렵에는 조금 과한 화려함이 느껴져 꽃이 피지 않아도 좋겠다는 생각도 때로 해봅니다. 꽃 색이 조금만 연하거나 덜 피는 품종이 생긴다면 그걸로 좋을 것 같습니다.

부추는 새하얀 꽃으로 눈길을 끕니다. 취향은 분명히 있지만 예쁜 식물이라면 먹는 식물이든 약초든 가리지 않고 정원에 심습니다. 외국 정원사들이

개곽향

약초를 정원에 거리낌 없이 심는 것을 보고 배운 것입니다. 부추는 꽃보다도 겨울에 길에서 본 씨송이가 예뻐서 씨앗을 뿌려두었던 게 시작이었습니다. 그렇게 흩뿌렸던 씨앗을 잊고 지내는 동안 부추는 자라났고, 다른 식물들 사이에서 자연스럽게 자리 잡아 꽃을 피웠습니다. 부추의 꽃은 한여름과 잘 어울립니다.

크로코스미아는 남아프리카와 동아프리카에서 자라는 식물로 잎만 있을 때는 붓꽃처럼 보이기도 합니다. 품종에 따라 꽃 색은 진한 빨간색부터 노란색까지 다양하지만, 선명한 주황색 꽃이 일단 기본입니다. 줄지어 피어나는 꽃은 하나하나 작아도 많이 피고 부드럽게 휘어져 눈길을 사로잡습니다. 겨울이 추운 곳에서는 살지 못하지만, 제 정원에서는 다행스럽게도 잘 지내고 있습니다. 오히려 옆으로 촘촘하게 번지며 다른 식물들을 밀어내는 탓에 가끔 조절해야 할 때도 있습니다. 예쁜 식물일지라도 정원에 번짐이 심하면 처음에 느꼈던 매력이 갑자기 떨어지는 걸 경험하게 되는데, 지금 크로코스미아가 제 정원에서 그 경계에 있네요.

무엇인가 많이 자라는 한여름은 정말 덥습니다. 꽃을 볼 수 있는 식물이라면 새풀도 이 시기에 꽃을 올리는 종류가 많습니다. 다만 그 아름다움을 즐기기엔 햇빛의 높이가 너무 높습니다.

한여름

예쁘지만 너무 커다란 식물들

나무가 아닌 풀임에도 커다랗게 자란 식물은 그 모습 자체로 웅장하고 멋집니다. 한여름은 이들의 모습을 감상하기 좋은 계절로 그 멋진 구조를 정원으로 들이고 싶은 욕심이 마구 샘솟습니다. 한동안 이런 식물에 빠져 이들을 잔뜩 심고 그사이를 거닐며 시간을 보내는 상상을 한 적도 있습니다. 그러나 멀리서 바라보는 것과 다르게, 가까이에서 마주하게 되면 그저 시선을 가리는 벽처럼 느껴져 정원을 멀리까지 내다보기 어려워집니다. 이 경험으로 정원에 심으려는 식물 높이의 기준을 잡게 되었고, 시선을 가리지 않는 1.2m 정도면 괜찮을 것 같습니다.

자주등골나물은 크게 자랄지라도 정원에서 빼놓기 어려운 매력을 지녀 우리나라에서도 외국에서도 많이 기르는 식물 중 하나입니다. 제 정원에서는 비만 오면 물이 며칠씩 고이는 진흙에서 자라는 탓인지 1.2m 정도의 부담스럽지 않은 크기로 자라는데, 좋은 환경에서는 2m가 넘게 자라기도 합니다. 이들은 심은 자리에서 가만히 조금도 이동하지 않고, 옆으로 번지는 식물들이 주변으로 다가와도 자리는 절대 내어주지 않습니다.

루드베키아 맥시마의 꽃은 하늘에 떠 있는 것처럼 보입니다. 긴 꽃줄기 끝에서 피는 꽃을 따라 다가가 보면 지표면 가까이에 커다란 뿌리잎이 뭉쳐 자라는 모습을 볼 수 있습니다. 지금은 다른 풀에 가려 멀리서는 꽃만 눈에 띄지만, 높이가 모두 낮았던 봄을 떠올려 보면 새풀들 사이에서 유별나게 커다란 잎을 가졌던 모습이 생각납니다.

가는오이풀은 오이풀보다 꽃이 길고 아래로 구부러집니다. 잎이 가늘고 좁은 탓에 이렇게 불리지만, 전체적인 크기와 자라는 높이는 가는오이풀이 훨씬 큽니다. 꽃은 흰색으로만 피는 아이들도 있지만, 저는 와인색이 섞인 아이들을 기르고 있으며 두 가지 모두 각각의 매력이 있습니다. 이렇게 큰 키에도 이들의 겨울 모습은 더욱 가늘고 얇아지는 탓에, 다른 식물에 가려 눈에 그다지 띄지 않습니다.

구릿대는 정말 크게 자라는 산형과 식물입니다. 주변에서 저절로 자라는 모습이 멋져 보여 정원에서는 어떨지 길러 보았습니다. 1~2년 차에는 꽃이 피

자주등골나물

지 않고 멋진 뿌리잎을 보여주는데 해마다 공간을 차지하는 면적이 눈에 띄게 늘어납니다. 꽃을 피우지 않던 해 가을에 다른 풀들의 색이 바래지는 순간까지도 오래도록 녹색으로 남았습니다. 2년 정도 방해받지 않고 충분하게 성장한 구릿대가 드디어 꽃을 피우는데, 조그만 정원에서 감당하기 어려울 만큼 크게 자라는 탓에 난감했습니다. 이렇게 되면 다른 식물을 모두 질식시킬지도 몰라 단 하나만을 남기고 모두 베어서 균형을 맞추었습니다. 다행히도 구릿대는 산형과의 일부 식물들이 그렇듯 꽃이 피고 지면 사라지므로 따로 옮길 필요는 없습니다. 커다란 식물이 떠나고 남은 자리가 꽤 컸지만, 이듬해에 그 자리에서 개양귀비와 수레국화가 오랜만에 넓고 빛이

구릿대

잘 들어오는 자리를 만나 예쁘게 피어났습니다.

지리강활 역시 크게 자라는 편이지만 구릿대에 비하면 감당할 정도입니다. 참당귀나 구릿대는 세해살이풀이라고 볼 수 있는데, 두 해를 정원에서 잎만 보여주다가 그다음 해에 꽃을 피우고 사라지는 식물들을 말합니다. 산형과 식물에는 이런 생활사를 가진 식물이 일부 있는데, 이들은 정원에 재미와 불안정을 동시에 가져올 수 있어서, 조금 더 안정적이고 오래 한 자리에서 살아가는 산형과 식물을 찾고 있습니다. 지리강활은 정원에서 지난해 꽃피운 개체가 다시 그 자리에서 올라오는 걸로 봐서 여러해살이풀처럼 보입니다. 이 습성이 계속될지는 더 지켜봐야겠지만 우선 좋은 식물을 만난 것 같아 기쁩니다.

나래가막사리는 여름부터 사람보다 높이 자라는 큰 키로 끝에 작은 노란 꽃을 피우는데, 정원이 아닌 텃밭 경계에서 자랍니다. 직선으로 꼿꼿하게 뻗은 줄기는 흔들림이 없고 이 정도로 높이 자라는 초본 식물은 드물어 풀밭에서 쉽게 눈에 띄기에, 정원에서도 기르고 싶은 생각을 잠깐 했습니다. 하지만 사람의 손길이 잘 닿지 않는 곳에서 자라는 이들은 골칫덩이처럼 여겨지기도 합니다. 다행히도 정원이나 밭에 떨어지는 씨앗이 없지는 않을 텐데, 여기서는 지금까지 꽃을 피울 만큼 크게 자란 아이는 발견하지 못했습니다.

　　풀밭의 큰엉겅퀴는 완만하게 흘러가는 시선에서 불쑥 자신을 드러냅니다. 큰엉겅퀴는 초가을 무렵 보라색 꽃을 줄기 끝마다 하나씩 매달고 아래를 향합니다. 누군가의 밭 가장자리에서 홀로 자라는 모습을 보았을 땐 매우 멋있다고 생각해, 그 순간에 홀려 씨앗을 조금 따와 정원에 뿌려두었습니다. 그런데 땅에 내려앉은 씨앗이 싹트고 성장하기 시작하면서 문제가 생겼습니다. 잎은 커다랗고 작은 가시가 있는 데다가 뿌리 부분이 비대해져 다른 식물을 밀어냅니다. 정원에서 얌전히 자라지 못함을 느끼고 뽑기 시작했으나, 뿌리는 끈질기게 살아남아 오래 괴롭혔습니다. 여전히 길에서 만나는 큰엉겅퀴의 꽃과 씨송이는 예쁘다고 느끼지만, 다시 정원에서 기르고 싶지는 않습니다.

한여름

숲정원에 멋진 잎

　처음 몇 해 숲정원의 여름은 복잡 그 자체였습니다. 티아렐라와 숲플록스만을 바라보고 만든 정원이었기에 이후 정원이 어떤 모습을 갖출지 충분히 생각하지 못했습니다. 그렇게 봄부터 초여름까지 꽃 피는 식물들이 끊임없이 등장하는 동안엔 괜찮아 보였던 정원에 나무가 만드는 그늘이 짙어지고 꽃이 사라지니 어떤 규칙도 찾을 수 없는 공간으로 변해 버렸습니다.

　그런 어지러움 사이에 질서를 불어넣기 위해서는 여름에도 균형을 잃지 않는 단정한 모양의 식물을 반복적으로 심어야 하는 것을 알게 되었습니다. 급하게 정원을 수정한 탓에 식물은 아직 작지만, 시간이 흐르면 이들이 순조롭게 균형을 이루어 주기를 바라고 있습니다.

너무 쉽게 볼 수 있는 탓에 처음에 생각조차 안 했던 맥문동이 그 역할을 아주 잘 수행합니다. 진한 그늘에서도 건강하게 잘 자라는 데다가 심어만 두면 어떤 관리를 하지 않아도 되는 좋은 식물의 조건을 두루 갖추었습니다. 이들을 좁은 간격으로 빼곡하게 심는 것보다 다른 식물처럼 충분히 공간을 둔 채로 기르면 모양도 멋지고 훨씬 크게 자랍니다. 또 한여름에 피는 진한 보라색 꽃도 매우 인상적입니다.

일본사초 역시 이런 환경에서 잘 자라고 다양한 품종으로 즐거운 고민을 하게 만듭니다. 이들 중 가장 인기 있고 쉽게 볼 수 있는 일본사초 '에버골드'는 잎 가운데 부분이 밝은 노란색을 띠었습니다. 하지만 무늬의 색이 너무 강하게 느껴져 썩 좋아하지는 않습니다. 조금 덜 알려진 일본사초 '에버라임'은 가장자리에 얇은 연한 라임색 무늬가 있어 얼핏 보기엔 조금 밝은 느낌의 녹색처럼 보입니다. 이 모습이 제가 생각하는 숲정원에 훨씬 잘 어울립니다.

가는잎그늘사초는 매우 가녀린 잎에 아주 단정한 모양으로 자랍니다. 자연에서는 척박하고 건조한 지역에서 이들끼리만 홀로 혹은 모여 지내는 모습을 볼 수 있지만, 정원이라면 다른 식물들과 함께 다양한 장소에서 문제없이 쉽게 기를 수 있습니다. 중간중간에 가는잎그늘사초를 심어 작은 식물들이 사라진 후에도 정원이 비어 보이지 않게 되었고, 꽃이 예쁘게 피는 봄에는 이들이 함께 있어 더 좋은 모습을 볼 수 있게 되었습니다.

비비추 종류는 셀 수도 없을 만큼 품종이 많지만, 여전히 계속해서 새로운 아이들이 등장하고 있습니다. 이렇게 선택지가 다양한 식물을 모두 직접 길러 볼 수는 없어서 비비추가 잘 가꿔진 정원을 찾아서 마음에 드는 품종을 골라봅니다. 다양한 품종이 한데 모인 곳에서 눈에 특별히 들어오는 식물을 관찰하는 것은 재밌는 경험이고, 비비추가 아닌 다른 식물도 마찬가지입니다.

비비추 '준'은 푸른 빛이 맴도는 잎이 있고 그 가운데에 노란색 무늬가 불규칙하게 흩어져 있는데, 저는 그 모습에 매료되었습니다. 처음 숲정원에 심고 싶었던 유일한 비비추였고, 여전히 좋아합니다. 그러나 시간이 흐르면서 이 무늬가 다른 식물과 섞이지 못하는 것 같다는 생각이 들면서, 예전엔 특별하게 생각하지 않았던, 무늬 없는 초록 혹은 푸른색의 잎을 가진 비비추로 시선이 옮겨졌습니다.

비비추 '할시온'은 눈에 띄는 무늬가 없는 푸른색 잎을 지녔습니다. 파란 잎의 품종도 크기가 작은 것부터 큰 것까지 그리고 잎의 모양도 좁거나 넓은 것까지 다양합니다. 비비추 '할시온'은 딱 중간 크기의 모양과 잎의 너비를 갖추어 전체적으로 평균에 가까운 모습이 이상적으로 보입니다. 큰비비추 '엘레강스' 역시 파란색 품종으로 잎이 매우 크게 자랍

비비추 '벤트리코사'

니다. 또한 비비추 '할시온'과는 다르게 잎맥이 깊게 파여 주름진 것처럼 보입니다.

비비추 '벤트리코사'는 수많은 비비추 품종 사이에 섞인 모습을 보았을 때, 이렇게 말해도 될지 모르겠지만, 가장 특징이 없어 보였습니다. 하지만 자신만을 뽐내는 품종들 사이에서 특별함을 내비치지 못한 이 식물이 비비추가 아닌 다른 식물과 함께했을 땐 가장 조화롭게 어울립니다. 눈에 띠지는 않지만 느낌을 연결해 주는 이런 식물의 존재는 정말 중요하고 소중합니다.

비비추의 잎이 부드러운 느낌이라면, 도깨비부채의 잎은 손바닥 모양으로 갈라지고 조금 거친 느낌이 듭니다. 깊은 숲에서 자란다기에 후덥지근한

도깨비부채

제 정원에 적응하지 못할까 봐 걱정했으나, 생각보다 괜찮은 모습으로 자라고 있습니다. 빠르게 자라지는 않지만 매년 조금씩 크고 있습니다. 중국에서 자라는 깃도깨비부채는 우리나라의 도깨비부채보다 잎은 더 두껍고 뻣뻣해 보이며 잎맥이 정교하게 새겨져 있습니다. 가져와 심고 싶었던 아이는 붉은색 꽃이 피는 깃도깨비부채 '슈퍼바'였지만, 몇 년이 지나고 처음 보게 된 꽃이 흰색으로 피었을 땐 무척 서운했습니다. 아쉽지만 잎만으로도 매우 예쁘기에 잘 보고 있습니다.

　　일본 숲에 자라는 풍지초는 우리나라 환경에도 잘 적응합니다. 보통의 새풀과 다르게 반그늘에서 잘 자라고 비옥하고 배수가 잘되는 토양을 좋아합니다. 아치 모양의 구조는 우아하며 혼자서든 정원에서든 좋은 느낌을 전합니다. 잘 자란 풍지초를 쓰다듬을 때, 마치 털이 있는 동물을 만지는 기분이 듭니다. 숲정원에서 자라는 풍지초 '아우레올라'는 잎이 노란색이며 무늬가 녹색이라고 하는 것이 어울릴 정도로 밝은 느낌입니다. 특정한 식물을 골라 모았던 것처럼 무늬가 없는 녹색 잎의 풍지초를 찾고 있습니다만, 아직 우리나라에서는 보질 못했습니다. 언젠가 찾게 되면 정원에서 자라고 있는 이 품종을 모두 녹색 풍지초로 바꾸고 싶은 마음이 가득합니다.

광릉용수염은 우리나라 숲에서 찾은 풍지초 닮은 식물입니다. 풍지초와는 다르게 전체적으로 위로 꼿꼿이 서 있는 모습이며, 옆으로 번지는 습성은 거의 없고 일부가 씨앗으로 번져 이곳저곳에 모습을 드러냅니다. 빈 곳에서 자연스럽게 등장하는 모습이 좋은 느낌이고, 이 안정적인 새풀은 다른 식물들과 어울려 좋은 분위기를 만들고 있습니다.

한여름

식물은 여름에 죽는다

봄이면 가끔 새로 나온 식물이 있는지 보려고 재배단지나 꽃시장을 찾습니다. 예전에는 새롭거나 예쁘게 핀 꽃을 가져다 심은 적이 있지만, 지금은 그저 스치는 정도입니다. 무엇을 가져다 정원을 꾸밀지 골똘히 생각하는 사람들을 보는 것도 꽃시장에서 느낄 수 있는 즐거움입니다.

꽃시장에서 자주 들을 수 있는 말 중 하나는 "이 식물 겨울을 날 수 있나요?"입니다. 밖에 식물을 심는다면 겨울만 문제겠습니까. "이 식물 야외에서 기를 수 있나요?"라고 묻는 게 더 좋을 것 같다는 생각입니다.

'뜨겁고 습한 여름'. 처음에 외국 정원 책에서 이 구절을 읽었을 때는 단순하게 열대우림을 떠올렸습

풀모나리아는 잘 자라다가 한여름에 녹아서 사라집니다.

니다. 그런데 그동안 보던 책들은 모두 온대지역에서 정원을 가꾼 정원사들이 기록한 책과 글이었고, 어떤 형태로든 겨울이 존재하는 지역에서 나온 책들이었습니다.

사실 어떤 식물이 겨울을 보낼 수 있는지 확인하는 것은 자료가 이미 많이 존재하므로 어렵지 않게 알 수 있습니다. 정원 책 혹은 인터넷에서도 어떤 식물이 최저 몇 도까지 버티고 살 수 있는지는 거의 기본으로 제공되는 정보 중 하나입니다. 그러나 여름은 조금 다릅니다. 여름은 지역마다 온도 차이가 있지만, 습도 또한 다르기에 어떤 식물이 습한 환경을 좋아하지 않는다면 그 지역에서 살아남을 수 없습니다.

유럽과 다르게 우리나라가 '뜨겁고 습한 여름'을 가진 지역이고, 이 때문에 유럽에서 소개된 식물들은 우리나라에서 장마가 끝난 뒤에 시름시름 앓다가 사라지는 경우가 많습니다. 저 역시 이 사실을 몰랐던 때에는 존경하는 정원사들이 기르던 식물들을 힘들게 구해서 여름에 많이 잃어버렸습니다.

좀 더 이야기해 보자면 하늘에서 떨어지는 비는 야외 정원이라면 피할 수 없는 무언가로 다가옵니다. 비가 오지 않은 날에는 물을 주고, 햇빛을 가리고 싶으면 나무를 심어주고, 심지어 어떤 특정한 토양을 원하는 식물이라면 비싼 돈과 에너지를 들여 어떻게든 조건을 맞출 수 있지만, 내리는 비와 공중을 덮고 있는 습기는 막지 못합니다. 가물던 날에 비가 내리기 시작하면 하루나 이틀은 즐겁지만, 일주일이 넘어가기 시작하면 어떻게 할 방법이 없습니다. 판매를 위한 식물은 비닐하우스에서 주로 기르는데, 하우스는 내리는 물을 가릴 수는 있으나, 그곳에서 여름을 보냈다고 한들 그 식물이 야외에서 버틸 수 있는지는 확실히 알 수 없습니다.

장마가 끝나고 이어지는 불볕더위. 그중 가장 끔찍한 날씨는 갑자기 내린 소나기에 이어지는 강한 햇빛으로, 습기에 약한 식물들은 말 그대로 물에 데친 것처럼 물러져 녹아버립니다. 이런 이유로 여름에 기르는 식물이 사라지고 열심히 풀만 뽑아야 하는 날들이 계속되고, 그러다 보니 정원 꾸미기는 어려운 일이라며 포기하게 되고 해서 저는 그게 무엇보다 아쉽고 슬픕니다.

이러면 아무것도 기를 수 없는 안 좋은 날씨를 가진 나라인 것 같지만, 풀하나 자라지 않은 공간이 없을 만큼 우리나라의 여름은 무성합니다. 우리나라는 우리나라에 맞는 식물들이 분명 존재하고, '뜨겁고 습한 여름'에도 잘 자라는 식물들이 있기에 그런 아이들을 찾아 기르면서 정원을 가꾸고 있습니다.

한여름

여름의 끝 선선한 바람

한낮은 여전히 덥지만, 아침저녁으로 산책하기 좋은 바람이 불면 비로소 새풀의 이삭이 눈에 들어오고 가을 분위기를 지닌 식물들이 찾아옵니다.

'취나물'이라고 알려진 참취는 정원을 만들기 전부터 이곳에서 자라고 있었습니다. 큰 잎에 큰 키, 흰색 국화 모양의 꽃은 곧 찾아올 쑥부쟁이들보다 앞서 정원을 밝힙니다. 숲정원을 처음 만들었을 땐, 심어둔 식물 사이로 참취들이 돋아난 것이 예뻐 그대로 두었고, 그해 가을에는 예쁘게 핀 참취꽃을 보았습니다. 그러나 봄에 두세 번이나 잘라서 먹을 만큼 잘 자라는 식물을 그대로 내버려 둔 것은 실수였습니다. 이듬해 봄, 뿌리를 단단히 내린 참취들은 폭발적으로 성장하기 시작했고 심어둔 식물들을 밀어

싱아

내고 자라는 모습에 참취들이 무서워졌습니다. 결국 숲정원에서는 참취를 없애려고 다짐했고, 일부는 햇빛이 잘 드는 풀밭정원으로 옮겼습니다. 햇볕에서 잎이 조금 상하지만 여전히 잘 자랍니다. 오히려 숲정원보다 꽃줄기도 더 단단하고 굳세게 올라오며 무엇보다 자연 발아가 덜 일어나서 문제를 만들지 않습니다.

언제나 이맘때면 꽃피는 싱아를 기다립니다. 봄에 피는 수영과 잎은 닮았으나 꽃은 새하얗고 조금 더 곧은 모양입니다. 몇 년 잘 기른 뿌리를 어느 해엔가 나눠서 절반은 그 자리에 다시 심고 나머지 절반은 배수가 좋지 않은 토양으로 옮겼더니 아쉽게도 적응하지 못하고 사라져 버렸습니다. 잘 자라던 장

큰꿩의비름 '오톰 조이'

소를 벗어나 전혀 다른 곳으로 옮겨보는 건 자주 도전하는 방법이며, 간혹 도저히 상상할 수 없는 환경이라고 생각한 곳에서 잘 자라는 식물을 찾을 때도 있습니다. 사실 성공률이 그리 높지는 않습니다. 싱아가 속한 마디풀과 식물은 씨앗으로든 뿌리줄기로든 번져나가는 특성이 있어 정원에서는 조심스럽게 다루지만, 다행스럽게도 지금까지 싱아는 그런 모습을 보이지는 않습니다. 꽃이 지고 나면 줄기는 진한 검은색으로 변하고 연갈색의 새풀 사이에서 눈길을 끕니다.

큰꿩의비름 '오톰 조이'는 다육식물 종류 중 하나로 잎은 매끈하며 수분을 많이 머금고 있습니다. 완전히 건조한 토양에서 살 것처럼 보이는 모습과 다르게 이 식물은 야외 정원 다양한 토양에서도 잘 살아갑니다. 심지어 햇빛을 가리면 안 될 것 같지만, 다른 풀과 맞닿아 경쟁하는 장소에서도 자랍니다. 여러모로 편견을 깨는 식물입니다. 분홍빛으로 피는 꽃은 시간이 흐르면 새빨간 열매로 변해 훨씬 더 눈길을 끌고, 진한 검은색으로 남아 겨울을 보냅니다. 봄에 키를 낮추고 꽃을 더 많이 보려고 한번 잘라주는 작업을 할 수도 있는데, 그때 자른 줄기는 그대로 땅에 꽂아두면 마치 다육식물의 잎꽂이처럼 그 자리에 뿌리를 내리고 새로운 개체로 자라납니다.

베고니아 그란디스는 야외에서 잘 자랍니다. 비정형 모양의 잎에 발달한 잎맥이 독특하고 마디에는 주아가 발달하여 그 주변으로 조금씩 번져나갑니다. 줄기 끝에 달린 베고니아 특유의 모양을 가진 분홍색 꽃은 시간이 지나면 날개가 달린 열매로 변합니다. 추위에 약하지만, 비교적 따뜻한 겨울을 보내는 지역에서는 따로 관리하지 않아도 남은 덩이줄기와 주아에서 조금 늦지만 새롭게 피어납니다.

야외에서 기를 수 있는 베고니아가 있는 것처럼, 시클라멘 중에도 야외 정원에서 기르는 종류가 있습니다. 시클라멘 헤데리폴리움은 가을에 피는 시클라멘 종류로 분홍색부터 흰색까지 마치 나비가 땅에 내려앉은 모습으로 등장합니다. 잎에는 흰색 무늬가 있는데 모든 개체가 가진 패턴은 조금씩 다릅니다.

가을,
석산이 필 무렵

가을

들국화의 계절

여름의 힘든 시기와 그 끝에 찾아오는 추석을 모두 보내면 왕성하게 자라던 풀은 이제 주춤거리고, 서로를 괴롭히며 밀쳐내는 경쟁은 거의 끝나갑니다. 이제는 여유가 생겼으니 따뜻한 시선으로 정원을 바라볼 수 있습니다. 때마침 낮아지는 태양 빛으로 새풀의 이삭이 아름다워 보이고 정원을 방문하는 시간은 새벽에서 정오로 바뀝니다.

가을은 국화의 계절, 국화를 닮은 식물은 봄부터 끊임없이 볼 수 있지만 들국화는 왜인지 가을에 잘 어울리는 게, 정원에도 들에도 들국화라고 부를 만한 식물이 가득합니다. 우리나라에서 쉽게 볼 수 있는 들국화 무리는 크게 3가지, 샛노란 색으로 피는 산국 종류 그리고 옆으로 느슨하게 번지며 피는 구

미국쑥부쟁이 '리틀 칼로'

절초 종류, 마지막으로 연보라색으로 많이 피어나는 쑥부쟁이 종류가 있습니다. 다 예쁘지만 저는 특히 쑥부쟁이 종류를 다양하게 심고 가꾸는데, 이 아이들은 다른 종류에 비해 씨송이가 특히나 예쁩니다.

미국쑥부쟁이는 도시의 공터에서도 흔히 볼 수 있는 식물로 작고 하얀 국화 모양의 꽃이 가득히 피어납니다. 잘 번지는 성질로 정원에서 일부러 기를 생각은 없었지만, 제 손을 어떻게 잘 피했는지 새풀 사이에 자리를 잡았고 둘은 아주 잘 어울립니다. 전체적인 모습이 비슷한 캘리코 미국쑥부쟁이 '프린스'는 꽃이 더 작고 분홍색으로 피지만, 비교적 덜 퍼져 미국쑥부쟁이를 원하는 정원사라면 좋은 대안이라고 생각합니다.

개쑥부쟁이

쑥부쟁이 종류는 해가 지날수록 주변으로 더 넓게 번져나가서 원하는 대로 자라도록 방치하며 기르기는 어렵습니다. 하지만 미국쑥부쟁이 '리틀 칼로'는 뿌리줄기가 아주 짧아 번짐이 없어 다음 해에도 그 자리에서만 다시 자랍니다. 그리고 가을이면 무수한 꽃눈을 만들면서 덤불 모양으로 변히고 하늘색에 가까운 연보라색 꽃을 빼곡하게 피웁니다.

개미취는 높이가 2m까지 크게 자라며, 꽃은 한 공간에서도 개체마다 피는 시기가 달라 오래도록 이어집니다. 높이 올린 꽃줄기는 비교적 튼튼하지만, 반그늘과 바람이 심한 장소라면 쓰러질 수 있으니, 주변에 기댈 수 있는 새풀이 함께 자라면 좋습니다. 이 조합은 뿌리에서도 완벽한 짝꿍처럼 보이는데,

보라색 베르노니아와 흰색 볼토니아

정원에 새풀은 옆으로 심하게 뻗어나가지 않는 성질로 그 자리를 오래 지키며 자라는 편이고, 개미취는 뿌리줄기를 통해 새풀 사이를 이리저리 돌아다니며 자랍니다.

개쑥부쟁이는 씨앗으로 날려 지난해와 다른 곳에서도 불쑥 자랍니다. 정원 주변 들판에서 가장 많이 볼 수 있는 쑥부쟁이인데, 저는 매년 다른 자리에서 자연스럽게 자라는 개쑥부쟁이를 보며, 어떻게 자연을 닮은 정원을 사람의 손으로 디자인할 수 있을지를 많이 고민하고 공부했습니다. 정원에 뿌려둔 싹은 새롭게 돋아날 때 개망초와 닮아서 풀을 뽑을 때 언제나 잠시 머뭇거리게 합니다.

베르노니아는 작은 보라색 꽃이 피고 완전히 자

라면 사람보다 크게 자라서 마치 나무를 보는 것처럼 웅장한 분위기가 있습니다. 첫해에 제 베르노니아는 키 1m 정도에 단 한 개의 줄기만 있었지만, 지금은 줄기도 많아지고 키도 더 커졌습니다. 앞으로 좀 더 멋있어질 것 같아 기대됩니다.

어쩌다 보니 국화과 식물들 이야기만 했지만, 이 계절에 맞춰 꽃을 피우는 다른 식물도 있습니다. 산길에서 볼 수 있는 산박하는 보라색 꽃이 피는 작은 식물로 여겨지지만, 정원에 심으니 꽤 크게 자라서 새풀 사이에서 즐기고 있습니다. 산박하가 길게 위로 솟아나는 느낌이라면 비슷하게 생긴 오리방풀은 전체적으로 퍼지며 동그란 모습입니다. 두 식물 모두 풀밭의 새풀과 잘 어울려 자랍니다.

가을

기다렸던 가을 새풀

　이제는 새풀이 없는 정원을 상상할 수 없지만, 화순에서 정원을 직접 가꾸기 전에는 이들에게 어떤 이름이 있으며 이렇게까지 다양한지 전혀 알지 못했습니다. 아마도 처음 제 정원에서 지내게 된 새풀은 큰개기장일 텐데, 제 선택은 아니었습니다. 그 당시 핑크뮬리가 알려지기 시작할 무렵이어서 분홍색 꽃이 핀다는 새풀을 아무런 의심 없이 데려왔는데 이 식물이 바로 큰개기장이었습니다. 핑크뮬리가 아니라는 실망감에 관심을 주지 않은 것도 있었겠지만, 새풀에 관해 아는 것이 너무도 없었기에 어떻게 이름을 찾아야 하는지 전혀 몰랐습니다. 그렇게 내버려 둔 사이에 새풀은 무럭무럭 자랐고, 어느 가을날 햇빛을 통과시키는 이삭의 매력적인 모습을 보게 된

큰개기장

순간 갑자기 이 식물이 좋아졌습니다. 이후로 식물원이나 공원에서도 새풀을 새롭게 심는 곳이 늘어났고, 그 이름표를 통해 제가 기르는 식물의 이름을 알게 되었습니다. 데려온 지 2년 만에 이름 모르는 풀에서 부를 이름이 있는 풀이 됐다는 건 정말 기쁜 일입니다.

이런저런 과정을 거쳐 큰개기장은 정원에 없어서는 안 될 식물로 자리 잡았습니다. 그때 작은 화분 2개에 불과했던 식물은 그동안 잘 자라 수십 포기로 나누어 심어졌고 다른 이들에게 보내주기도 했습니다. 이후로 몇 가지 품종도 수집해서 길러 보았는데, 큰개기장 '클라우드 나인'은 이들 중 가장 크게 자라는 품종으로 다른 식물과 비교해도 꽤 크게 자라는

큰개기장 '노스윈드'

편입니다.

　큰개기장 '노스윈드'도 크게 자라는 품종입니다만, 좀 더 꼿꼿한 형태를 보이고 촘촘해 보입니다. 그래서인지 이 품종은 완전하게 노출된 지역에서도 쓰러짐 없이 항상 좋은 모양으로 서 있습니다. 다른 큰개기장도 비슷하지만 '노스윈드'는 겨울이 지나간 뒤에도 자르기 망설여질 만큼 정말 멋진 모습으로 남아있습니다. 반대로 작게 자라는 품종은 큰개기장 '쉐넌도어'입니다. 작은 정원에서 큰개기장의 크기는 부담이 될 수도 있는데, 이 작은 품종이 그 문제를 해결해 줍니다. 작게 자라는 탓인지 자라는 속도도 늦어 한 장소에 심어두면 오래도록 관리하지 않아도 얌전한 모습을 보입니다. 잎끝이 붉게 물드는 것이 매력적이라고 하지만, 제 정원에서는 거의 볼 수 없고 초록으로 오래도록 남아있습니다.

핑크뮬리는 특유의 몽환적인 느낌을 지닌 새풀입니다. 분홍색 꽃을 보자고 이 식물만을 심어둔 공간이 전국적으로 있지만, 핑크뮬리가 다른 식물들과 함께 있는 모습을 보는 것이 더 좋습니다. 오히려 색이 빠져 연한 갈색이 되는 모습을 기다리는데, 그편이 주변 식물들과 더 잘 어울려 보이기 때문입니다. 색이 바랜 후에도 모양은 변하지 않고 겨울 동안 계속해서 다른 식물들을 위한 좋은 배경으로 남아주는 좋은 식물이라고 생각합니다.

낚시귀리는 안개처럼 보이는 이삭이 아닌, 납작한 갈색 열매를 매달고 아래로 휘어진 모습입니다. 이들은 씨앗으로 제 정원에 오게 되었고, 지금은 아주 잘 자라 다시 씨앗을 퍼트려 주변으로 번지고 있습니다. 떨어진 씨앗은 쉽게 싹트고 잘 자라며, 원치 않는 장소에서는 어릴 때 쉽게 조절할 수 있습니다.

정원에서 이미 잘 알려진 새풀을 기르며 읽은 경험으로 정원 주변에서 자라는 식물들을 관찰했습니다. 오래 이곳을 다녀가는 동안 동네에 그저 참억새만 자라는 줄 알았는데, 알고 보니 이곳에도 정말 다양한 새풀이 살고 있었습니다.

그령은 차나 사람이 다니는 길옆, 다른 식물은 잘 자라지 못하는 곳에 살고 있습니다. 그곳에서 그령은 언제나 짓밟힌 상태이고 전혀 눈길도 끌지 못

그령

합니다. 그런 아이를 정원으로 데려와 다른 식물들처럼 자기 자리를 만들어 돌봐 주면 같은 식물이라고 알 수 없을 정도로 멋진 모습을 보여줍니다. 잎은 언덕 모양으로 자라고 그 위로 안개처럼 피어나는 이삭의 모습을 갖추는데, 마치 외국 정원에서 많이 볼 수 있는 스포로볼루스를 닮았습니다. 그령의 매력에 빠진 뒤, 풀밭정원 대부분을 이들로 채우고 싶어서 봄이면 계속 뿌리를 나눠 번식했고 정원에 가득 찰 정도로 심었습니다. 그런데도 다른 식물을 조금 더 빼고서라도 그령을 더 심으면 좋겠다고 생각합니다.

길에서 자라는 그령 옆에는 쥐꼬리새풀도 함께 자라고 있습니다. 이삭은 가늘고 긴 데다 솜털 같은

새

구조도 없어서 개체 하나하나가 특별하게 예쁘다는 느낌은 별로 없습니다. 그러나 시선이 트인 장소에서 많은 개체가 자라는 모습을 보면 달라집니다. 지금은 둘 중에 그령을 중심으로 선택하여 쥐꼬리새풀을 심을만한 공간이 부족하지만, 언젠간 다른 정원에서 많은 개체가 자라는 모습을 만들고 싶습니다.

실새풀은 깃털 모양으로 자라는 우아한 이삭이 매력적입니다. 그령을 알기 전까지는 한동안 실새풀에 빠져서 이 식물로 정원을 가득 채우고 싶었습니다. 그러나 조금 큰 편이라서 부담스럽기도 했습니다. 처음 기르던 것은 몇 가지만 빼고 텃밭 경사진 가장자리로 옮겼고, 전혀 신경 쓰지 않고 거의 방치하다시피 하지만, 여전히 잘 자라고 멋진 모습입니다. 가을부터 자르기 전까지 좋은 모습을 보여주는 이 아이는 이른 봄에 정원을 정리하고 나면 다른 새풀보다 한 박자 빠르게 새싹이 돋아나므로 녹색을 기다리는 정원사에게 기쁨을 가져다줍니다.

수수새를 처음 보았을 땐, 이삭이 너무 연해서 정원에서 기르기에 적당하리라는 확신이 없었습니다. 이삭을 몇 가지 잘라서 방에 두고 지켜보는데, 풀밭에서 하늘거리던 그 모습이 자꾸 떠오릅니다. 피는 계절이 달라도 유럽진퍼리새 역시 이삭 하나하나가 눈길을 끄는 식물은 아닌데도, 많은 정원사에게 사랑받고 있는 걸 보면 이삭이 연한 건 그리 중요한 특징이 아닌가 봅니다.

새도 이삭은 연하지만 좀 큰 덩치로 자라 눈에 띕니다. 제 정원에서는 지는 햇살이 가장 아름답게 보이는 곳에 자리 잡아 가을부터 겨울까지 그 모습을 계속 바라보며 감탄할 수 있습니다. 누군가에게 선물한 적이 있는데, 잎이 갈색으로 물들어 가는 순간이 정말 독특하고 아름답다며 사진을 보내주었습니다 이삭의 형태는 대게 아래로 느슨하게 늘어지지만, 개체마다 조금씩 달라서 원추리밭에서 자란 새는 늘어짐이 없고 꼿꼿한 이삭을 가지고 있습니다.

가을

다시 숲정원

잎이 떨어지고 태양 빛이 나무 아래로 비스듬히 들어오기 시작하면 숲정원에는 다시 생기가 돕니다. 다시 잠깐 찾아온 빛에 몇몇 식물들은 반응하고 움직입니다.

숲정원의 가을이라면 승마 종류가 줄지어 꽃피는 공간을 만들고 싶었습니다. 그러나 이들은 확실히 제법 커서 아무래도 작은 정원에서 기르기엔 부담스러운 데다가, 무엇보다도 제 정원에서 잘 자라는 것으로 보이지 않습니다. 그중에서 꽃이 필 정도까지 자란 아이는 눈빛승마로 이들은 좋은 환경이라면 사람 키를 훌쩍 넘도록 자라기도 합니다. 이상적 조건이라 할 수 있는 밝은 그늘에 유기물이 풍부하고 언제나 마르지 않는 축축한 토양을 좋아하는데,

왜승마

옮기는 걸 좋아하지 않아 처음 심을 때 자리를 신중하게 골라야 했습니다. 하지만 심었던 장소 중 예상과는 다르게 땅이 건조해 보이는 단풍나무 아래에서 가장 좋은 모습을 보여주고 있습니다.

    승마 중에서 가장 작게 자라는 왜승마는 자리를 가리지 않고 잘 자랍니다. 잎은 금속성처럼 보이는 광택이 있어 다른 승마와 차이가 있고, 왠지 전체적인 모습도 승마의 작은 형태라고 느껴지지는 않습니다. 그렇기에 승마의 느낌을 왜승마로 대체하는 것은 어울리지 않지만, 다른 식물과 비교하지 않고 본다면 이 식물은 자신만의 고유한 매력을 가지고 있습니다. 여름의 끝에 등장하는 흰색 꽃은 정원을 밝히고 가을이 다가왔음을 알립니다.

휴케라는 제가 정원에 처음 발을 디딜 무렵에는 '붉은바위취' 정도로 불렸고 볼 수 있는 종류도 그리 많지 않았는데, 지금은 휴케라를 모르는 사람이 없을 정도로 품종이 다양해졌습니다. 다양한 잎 색과 모양을 지녀서 정원사들의 사랑을 듬뿍 받고, 저 역시 휴케라에 빠져서 여러 종류의 휴케라를 기르게 되었습니다. 화분에서 잘 자라는 모습과는 다르게 야외 정원에서 휴케라는 자리를 잘 잡은 것처럼 보이다가도 갑자기 시들고 또는 긴 장마에 흔적도 없이 사라지는 일도 생깁니다. 잘 기르던 휴케라가 예고도 없이 그렇게 떠나버리면 속상하고 빈자리는 크게 남습니다.

수집한 휴케라 대부분을 잃었지만, 털휴케라는 여전히 잘 지내고 있습니다. 털휴케라의 잎은 어떤 무늬도 없고 특별하지도 않은 녹색이며 부드러운 털이 있습니다. 휴케라 대부분이 봄에 꽃을 피우지만, 이 아이는 특이하게도 가을에 하얀 꽃을 피우는데, 다양한 환경에서 기를 수 있기에 숲정원과 풀밭정원에 모두 심었습니다. 비비추 벤트리코사와 마찬가지로 처음에 함께 했을 때는 가장 관심이 가지 않던 그저 밋밋한 초록 잎의 아이였지만, 지금은 휴케라 중 가장 좋아하는 종이 되었습니다.

이삭여뀌는 잎에 'v' 자 모양의 검은색 반점이 있습니다. 개체마다 차이가 있어서 어떤 아이는 진해 보이는가 하면, 아무것도 없는 그저 녹색 잎으로

털휴케라

보이는 아이도 있습니다. 가을이 되면 가느다란 꽃줄기에 아주 작은 붉은 꽃이 느슨하게 붙어 피어나는데, 같은 마디풀과 식물인 싱아가 풀밭정원에서 다른 새풀들과 어울리는 것처럼 숲정원에서 이삭여뀌는 풍지초와 잘 어울립니다. 싱아처럼 줄기가 검은색으로 변해 오래 남는 것도 닮았습니다.

대상화는 중국과 일본에 사는 가을에 꽃피는 바람꽃 종류입니다. 꽃은 흰색부터 연한 분홍색, 진한 분홍색 색조를 띠고 모양도 홑꽃부터 겹꽃까지 여러 모습인데, 뿌리줄기가 길게 뻗어 자라 가깝게 다른 품종을 심는다면 모두 섞여버립니다. 땅속으로 길게 뻗어 자라기에 어떻게 막을 방법도 없고, 확실히 구별되는 두세 종류만 한 장소에 심고 원하는 대로 자

이삭여뀌

라도록 그저 내버려 둡니다.

상사화들이 모습을 감추고 새빨간 석산이 필 무렵이면 콜치쿰도 나타납니다. 콜치쿰은 대부분의 상사화 종류처럼 가을에 꽃이 피고 봄이 되면 새잎이 올라오기에, 상사화가 잘 자라는 자리를 보면 상사화 대신 콜치쿰 심는 상상을 합니다. 다양한 색을 가진 상사화와 다르게 콜치쿰의 꽃 색은 기본적으로 연보라색이고 흰색으로 피는 품종들도 있습니다.

가을

찬 바람 부는 늦가을

봄에는 새롭게 올라오는 식물들이 모두 서로 다른 녹색을 띠었다면 가을에는 식물마다 다른 속도로 초록을 잃어갑니다. 주변 산은 단풍이 들기 시작했고 할머니의 텃밭은 제법 쌀쌀해진 날씨에 맞춰 깨끗하게 정리되었습니다. 한 해 농사는 마무리를 지었지만 제 정원에는 여전히 식물들이 남아있고, 할머니는 지나가면서 '지금도 무슨 꽃이 있네'라고 하십니다.

지금까지 몇 종류의 등골나물이 얼굴을 비추며 다녀갔고 지금은 털이 있는 씨송이를 만든 채 정원에 남아있지만, 향등골나물은 이제야 분홍빛 꽃을 보여줍니다. 제 정원 환경이 딱 맞는 건지 키가 무려 2m 정도로 자랐는데도 쓰러짐 없이 꼿꼿하게 서 있

까실쑥부쟁이 '에조 무라사키'

습니다. 짧게 번지는 뿌리줄기로 무더기는 거의 해마다 2배 이상 넓어지는 것처럼 보이는데, 어느 해에는 늘어난 부분을 캐서 텃밭 가장자리에 심었더니 그곳에서도 자리를 잘 잡았습니다. 녹색 줄기와 잎은 서리가 내리면 예쁜 갈색으로 변하고 겨울에도 오래 남아 그 모습을 볼 수 있습니다.

    개미취 '진다이'는 굳센 모습으로 서 있습니다. 이 품종은 기본종인 개미취와 키가 비슷하지만, 줄기가 꼿꼿하며 흔들림 없이 자랍니다. 새풀과 주변 식물들이 불어오는 미풍에 가볍게 살랑거리는 동안에도 새풀은 건물처럼 그대로입니다. 쌀쌀한 날씨와 함께 찾아오는 꽃은 아주 오래 피는데 거의 한 달 동안 이어집니다.

개미취 '진다이'

까실쑥부쟁이 '에조 무라사키'는 우리나라에서 '청화쑥부쟁이'라고 불리는 것 같은데, 이 품종은 정말 늦게 꽃을 피우는 특징이 있습니다. 보랏빛 꽃은 점차 갈색으로 바래지는 새풀과 만나 늦가을의 정원을 장식하고 추위가 멀지 않았음을 느끼게 합니다. 꽃 자체가 예뻐서 어떻게 심어도 좋은 모습을 보여주지만, 공간이 있든 없든 옆으로 번지려고 합니다. 자라는 대로 내버려 두면 꽃이 필 무렵엔 키가 커서 쓰러지므로, 가을의 모습을 상상하며 늦봄쯤에 한번 키를 줄여서 쓰러지지 않도록 기르면 좋습니다.

털뻐꾹나리는 잘 자라다가 꽃이 필 무렵 쓰러집니다. 옆으로 누운 채 잎 마디에서 꽃을 몇 송이씩 피워내는 모습이 이상해 보이지만 어색하지는 않습

향등골나물

니다. 꽃은 뻐꾹나리 특유의 모양을 하고 있으며 자주색 반점이 흩뿌려져 있습니다. 이 계절의 식물은 언제나 새풀과 함께 자라는 모습이 잘 어울립니다.

  제 정원의 꽃은 계속 이어지지만, 첫서리를 시작으로 올해 준비한 이야기는 여기서 마무리합니다. 이제는 정원에만 매달려 있느라 미뤄두었던 일들을 하고 충분히 쉬기도 한 뒤에 새해맞이 준비를 하렵니다. 분명히 정원의 새해는 올해보다 더 풍요로운 모습으로 반겨 줄 거예요. 상상만으로 벌써 기분이 좋습니다.

마치며

　정원을 가꾼 것은 나 혼자만이 아니다. 홀로 모든 일을 해낸 것처럼 부산스럽게 움직였지만, 보이는 곳과 보이지 않는 곳에 분명히 많은 사람의 도움이 흠씬 배었음을 안다.

　정원에서 자라는 식물을 보고 있으면 할머니는 지금도 '아무것도 뽑지 않고 손대지 않았다'라고 말씀하신다. 처음에는 내 계획이 보란 듯 잘 풀려서 자리를 잘 잡은 줄 알았지만, 지금은 그게 틀렸다는 것과 동시에 할머니의 손길이 모든 곳에 닿아있음을 잘 안다. 풀 대신 심어둔 식물을 뽑아버려 아웅다웅한 날도 많았지만, 그렇게 매일 같이 들여다봐 주신 덕분에 내가 화순에만 얽매이지 않고 넓은 세상을 편한 마음으로 돌아다닐 수 있게 해주셨다.

　우리 가족은 여전히 내가 기르는 작은 식물들이 있는지도 모른 채 지나다니지만, 꽃이 피면 '오늘은 이게 이쁘게 피었더라'라는 연락과 함께 언제나 사진을 찍어 보내주신다.

　내게 식물과 씨앗과 경험을 아낌없이 나눠준 K

와 L과 J.

K. 내 정원의 모든 공간에 K의 손에서 전달된 식물들이 자라고 있다. 주변에서 쉽게 볼 수 있는 자생 식물들은 외면하고 외국 식물에만 빠져있던 날에 K는 잘 자라니 그냥 옆에다 심어두라는 식으로 내가 생각하지 않던 식물들을 함께 챙겨주었다. 그랬던 식물들이 가장 잘 자라서 지금 정원의 분위기를 만들고 있다.

L은 내게 처음으로 자연정원에 관해 알려주었고, 이 분야의 아름다움을 멋진 언어로 계속 말해주었다. 또한 정원에 관련된 사람들을 만날 수 있도록 자리를 만들어 주고, 쉽게 구할 수 없는 식물들을 나눠주고, 혹은 기르고 있는 장소를 찾아서 알려주기도 했다. 다양한 식물을 다뤄보았기에 내가 어떤 식물에 관해 궁금해할 때, 직접 경험한 소중한 이야기를 아낌없이 들려주었다.

J는 내게 언제나 응원과 격려 그리고 나태해지지 않도록 잘 이끌어 주었다. 사람이 다녀가지 않는 정원은 자연과 다를 바 없기에 정원은 먼저 사람에 대해 알아야 하는데, 내가 이런 생각을 가지게 된 것도, 정원에 관해서만 이야기하지 않고 세상을 좀 더 넓게 볼 수 있도록 문화와 예술을 알게 된 것도 모두 J 덕분이다. 또, 어떤 대상의 훌륭하고 아름다움을 바라볼 수 있는 눈을 가지고 있어 J와 함께 있을 땐 놓치고 지나갈 뻔한 사소한 순간까지도 돌아볼 수

있어 정말 좋았다.

그리고 편집자님. 아마도 편집자님이 아니었다면 이 이야기는 그저 블로그와 SNS에만 떠도는 글로 남았을 것이다. 어수선하게 정리되지 않은 글을 가지고 찾아갔지만, 언제나 응원해 주시며 나의 모든 일정과 편의를 봐주셨다. 정말 어떻게 더 감사 인사를 드려야 할지 모르겠습니다. 고맙습니다.

정원에서 자라는 식물들

책에 나온 식물과 책에 등장하지 않은 소담정원의 모든 식물을 학명, 국명, 빛 요구도, 키, 개화기의 순으로 정리했습니다. 햇빛을 좋아하는 정도의 표시는 ○(양지), ◐(반음지), ●(음지)를 나타냅니다.

풀, herbaceous plants

Achillea millefolium, 서양톱풀, ○, 30~60cm, 6~8월
Aconogonon alpinum, 싱아, ○, 100cm, 8~9월
Actaea dahurica, 눈빛승마, ◐, 150~200cm, 8~9월
Actaea japonica, 왜승마, ◐, 60~80cm, 8~9월
Ajuga reptans 'Catlin's Giant', 아주가 '캐틀린스 자이언트', ◐, 20~45cm, 4~5월
Amsonia tabernaemontana, 별정향풀, ○ ◐, 60~90cm, 5월
Anemone × hybrida 'Honorine Jobert', 대상화 '호노린 요베르', ◐, 90~120cm, 7~9월
Anemone × hybrida 'Königin Charlotte', 대상화 '쾨니긴 샬롯', ◐, 90~120cm, 7~9월
Anemone × hybrida 'September Charm', 대상화 '셉템버 참', ◐, 90~120cm, 7~9월
Anemone cylindrica, 촛대바람꽃, ○ ◐, 60~90cm, 6~8월
Anemone hupehensis 'Hadspen Abundance', 대상화 '해드스펜 어번던스', ◐, 90~120cm, 7~9월
Anemone hupehensis var. *japonica* 'Pamina', 대상화 '파미나', ◐, 90~120cm, 7~9월
Angelica acutiloba, 왜당귀, ◐, 80~90cm, 8~9월
Angelica amurensis, 지리강활, ○ ◐, 100~150cm, 7월
Angelica dahurica, 구릿대, ○ ◐, 150~180cm, 6~8월
Angelica decursiva, 바디나물, ◐, 80~150cm, 8~9월
Anthriscus sylvestris, 전호, ○ ◐, 100cm, 5~6월
Aquilegia buergeriana, 매발톱, ○ ◐, 50~100cm, 5~7월
Aquilegia vulgaris, 유럽매발톱, ○ ◐, 60~90cm, 5~7월
Artemisia sylvatica, 그늘쑥, ○ ◐, 100cm, 8~10월
Aruncus aethusifolius, 한라개승마, ◐, 30~45cm, 7~8월

Aruncus dioicus, 눈개승마, ○ ◐, 90~150cm, 6~8월
Asarum maculatum, 개족도리풀, ◐ ●, 20~30cm
Aster ageratoides 'Ezo Murasaki', 까실쑥부쟁이 '에조 무라사키', ○ ◐, 60~90cm, 9~11월
Aster meyendorfii, 개쑥부쟁이, ○, 30~60cm, 7~10월
Aster tataricus, 개미취, ○ ◐, 120~180cm, 7~10월
Aster tataricus 'Jindai', 개미취 '진다이', ○ ◐, 120~180cm 9~11월
Aster yomena, 쑥부쟁이, ○ ◐, 60~90cm, 8~10월
Astilbe chinensis, 노루오줌, ○ ◐, 30~60cm, 6~7월
Astilbe chinensis 'Vision in Pink', 노루오줌 '비전 인 핑크' ○ ◐, 30~60cm, 6~7월
Astrantia major, 아스트란티아, ◐, 60~90cm, 5~6월
Baptisia australi, 밥티시아, ○, 90~120cm, 5~6월
Baptisia 'Vanilla Cream', 밥티시아 '바닐라 크림', ○, 75~90 cm, 5~6월
Begonia grandis, 베고니아 그란디스, ◐, 30~60cm, 7~9월
Betonica officinalis, 약석잠풀, ○, 30~60cm, 6~7월
Betonica officinalis 'Alba', 약석잠풀 '알바', ○, 30~60cm, 6~7월
Bistorta alopecuroides, 가는범꼬리, ○ ◐, 30~45cm, 6~7월
Bistorta officinalis subsp. *japonica*, 범꼬리, ○ ◐, 30~80 cm, 6~7월
Boltonia asteroides, 볼토니아, ○, 90~120cm, 7~9월
Brachybotrys paridiformis, 당개지치, ◐, 40cm, 5~6월
Brunnera macrophylla, 브루네라, ◐, 30~45cm, 5월
Brunnera macrophylla 'Hadspen Cream', 브루네라 '하스펜 크림', ◐, 30~45cm, 5월
Brunnera macrophylla 'Jack Frost', 브루네라 '잭 프로스트' ◐, 30~45cm, 5월

Bupleurum falcatum, 시호, ○, 40~70cm, 8~9월
Cardamine leucantha, 미나리냉이, ○ ◐, 40~70cm, 5~6월
Centaurea cyanus, 수레국화, ○, 60~90cm, 5~6월
Convallaria keiskei, 은방울꽃, ◐, 15~30cm, 5월
Coreopsis verticillata 'Zagreb', 솔잎금계국 '자그레브', ○, 30~45cm, 6~8월
Coriandrum sativum, 고수, ○, 30~60cm, 5~6월
Dicentra 'Luxuriant', 애기금낭화 '럭셔리언트', ◐, 30~45cm, 5~6월
Dictamnus dasycarpus, 백선, ○ ◐, 50~90cm, 5월
Digitalis grandiflora, 노랑디기탈리스, ○ ◐, 90~120cm, 6~7월
Disporum uniflorum, 윤판나물, ◐, 60~90cm, 4~5월
Doellingeria scabra, 참취, ○ ◐, 100~150cm, 8~10월
Echinacea 'Marmalade', 에키나세아 '마말레이드', ○, 60~90cm, 7~8월
Echinacea purpurea, 에키나세아, ○, 60~90cm, 7~8월
Epimedium × *versicolor* 'Sulphureum', 삼지구엽초 '설퓨레움', ◐, 30~45cm, 4~5월
Epimedium × *youngianum* 'Niveum', 삼지구엽초 '니베움', ◐, 30~45cm, 4~5월
Epimedium × *youngianum* 'Roseum', 삼지구엽초 '로세움' ◐, 30~45cm, 4~5월
Epimedium koreanum, 삼지구엽초, ◐, 30~45cm, 4~5월
Eryngium planum, 에린지움, ○, 60~90cm, 6~8월
Eupatorium japonicum, 등골나물, ○, 70~90cm, 7~10월
Eupatorium tripartitum, 향등골나물, ○, 150~200cm, 7~10월
Eutrochium purpureum, 자주등골나물, ○, 120~180cm, 7~9월

Filipendula ulmaria, 느릅터리풀, ○ ◐, 90~120cm, 6~7월
Geranium himalayense, 히말라야쥐손이풀, ◐, 30~45cm, 4~5월
Geranium macrorrhizum, 큰뿌리쥐손이풀, ○ ◐, 30~45cm 4~5월
Geranium maculatum, 점쥐손이풀, ◐, 30~60cm, 4~5월
Geranium 'Orion', 쥐손이풀 '오리온', ○, 60~75cm, 6~7월
Geranium phaeum 'Raven', 검은쥐손이풀 '레이븐', ○ ◐, 45~60cm, 5~6월
Geranium platyanthum, 꽃쥐손이, ○ ◐, 30~60cm, 5~6월
Geranium sanguineum, 붉은쥐손이풀, ○, 30~45cm, 6~7월
Gillenia trifoliata, 길레니아, ◐, 60~90cm, 5~6월
Helenium autumnale, 헬레니움, ○, 90~200cm, 7~9월
Helleborus × *hybridus*, 헬레보루스, ◐, 45~60cm, 3~5월
Helleborus foetidus, 헬레보루스 포에티두스, ◐, 45~60cm, 3~5월
Hemerocallis hakuunensis, 백운산원추리, ○ ◐, 60~90cm, 6~8월
Heuchera 'Caramel', 휴케라 '카라멜', ◐, 30~60cm, 5~7월
Heuchera villosa, 털휴케라, ○ ◐, 30~45cm, 8~9월
Hosta 'Halcyon', 비비추 '할시온', ◐, 30~45cm, 6월
Hosta 'June', 비비추 '준', ◐, 30~45cm, 6월
Hosta longipes, 비비추, ◐, 30~45cm, 6월
Hosta sieboldiana 'Elegans', 큰비비추 '엘레강스', ◐, 45~60cm, 6월
Hosta ventricosa, 비비추 벤트리코사, ◐, 45~60cm, 6월
Hylotelephium spectabile 'Autumn Joy', 큰꿩의비름 '오톰 조이', ○, 45~60cm, 7~8월
Iris 'Black Swan', 독일붓꽃 '블랙 스완', ○, 60~90cm, 5월
Iris 'Marianne's Smile', 독일붓꽃 '마리안느 스마일', ○,

60~90cm, 5월
Iris sanguinea, 붓꽃, ○, 45~60cm, 5~6월
Iris sibirica 'Alba', 시베리아붓꽃 '알바', ○, 45~60cm, 5~6월
Iris sibirica 'Caesar's Brother', 시베리아붓꽃 '카이사르 브라더', ○, 45~60cm, 5~6월
Isodon excisus, 오리방풀, ○ ◐, 50~100cm, 6~8월
Isodon inflexus, 산박하, ○, 40~100cm, 6~8월
Lamium album subsp. *barbatum*, 광대수염, ◐, 30~45cm, 4~5월
Lamprocapnos spectabilis, 금낭화, ◐, 60~90cm, 5~6월
Leucanthemum vulgare, 옥스아이데이지, ○, 60~90cm, 5~6월
Liatris spicata, 리아트리스, ○, 60~90cm, 6~7월
Liriope muscari, 맥문동, ◐ ●, 30~50cm, 6~8월
Lysimachia ciliata 'Firecracker', 털좁쌀풀 '파이어크래커', ○, 30~60cm, 6~8월
Lysimachia nummularia 'Aurea', 리시마키아, ◐, 10~15cm
Lysimachia vulgaris var. *davurica*, 좁쌀풀, ○, 60~90cm, 6~8월
Maianthemum japonicum, 풀솜대, ◐, 30~45cm, 4~5월
Mukdenia rossii, 돌단풍, ◐, 15~30cm, 4~5월
Nigella damascene, 니젤라, ○, 30~60cm, 5~6월
Orychophragmus violaceus, 소래풀, ○, 30~60cm, 4~6월
Pachysandra terminalis, 수호초, ◐ ●, 15~30cm, 4~5월
Paeonia lactiflora, 적작약, ○ ◐, 60~90cm, 4~6월
Papaver rhoeas, 개양귀비, ○, 30~60cm, 5~6월
Persicaria amplexicaulis 'Firetail', 여뀌 엠플렉시카울리스 '파이어테일', ◐, 60~90cm, 6~9월

Persicaria filiformis, 이삭여뀌, ◐, 30~60cm, 7~9월
Persicaria virginiana 'Painter's Palette', 이삭여뀌 버지니아나 '페인터스 팔레트', ◐, 60~90cm, 7~9월
Phlox divaricata, 숲플록스, ○ ◐, 30~60cm, 4~6월
Phlox glaberrima, 민플록스, ○ ◐, 30~60cm, 4~5월
Phlox paniculata, 플록스, ○, 60~120cm, 6~8월
Phlox stolonifera, 기는플록스, ◐, 15~30cm, 4~6월
Physostegia virginiana, 꽃범의꼬리, ○, 60~90cm, 7~9월
Polemonium reptans, 기는꽃고비, ◐, 30~60cm, 5~7월
Polygonatum odoratum 'Variegatum', 둥굴레 '바리에가툼' ◐, 30~60cm, 4~6월
Potentilla anemonifolia, 가락지나물, ○ ◐, 30~60cm, 5~7월
Primula elatior, 옥슬립, ◐, 15~30cm, 4~6월
Primula sieboldii, 앵초, ◐, 10~30cm, 4~6월
Primula veris, 카우슬립, ◐, 15~30cm, 4~6월
Primula vulgaris, 프림로즈, ◐, 10~30cm, 4~6월
Pulmonaria angustifolia, 좁은잎풀모나리아, ◐, 20~40cm, 3~5월
Pulmonaria longifolia, 긴잎풀모나리아, ◐, 30~60cm, 4~6월
Ranunculus crucilobus, 바위미나리아비, ○ ◐, 30~60cm, 4~5월
Ranunculus japonicus, 미나리아재비, ○ ◐, 30~60cm, 4~5월
Rodgersia pinnata, 깃도깨비부채, ◐, 60~120cm, 6~7월
Rodgersia podophylla, 도깨비부채, ◐, 60~90cm, 6~7월
Rudbeckia hirta 'Indian Summer', 루드베키아 '인디언 썸머', ○, 60~90cm, 6~9월
Rudbeckia maxima, 루브베키아 맥시마, ○, 120~180cm,

6~9월

Rudbeckia triloba, 루드베키아 트릴로바, ○, 60~120cm, 7~10월

Sanguisorba officinalis, 오이풀, ○, 60~120cm, 6~8월

Sanguisorba tenuifolia, 가는오이풀, ○, 70~200cm, 6~8월

Saxifraga stolonifera, 바위취, ◐ ●, 15~30cm, 5~7월

Scutellaria indica, 골무꽃, ○ ◐, 30~40cm, 5월

Solidago rugosa 'Fireworks', 까실미역취 '파이어웍스', ○, 60~90cm, 7~9월

Solidago virgaurea subsp. *asiatica*, 미역취, ○ ◐, 60~90cm, 7~10월

Symphyotrichum lateriflorum 'Prince', 캘리코 미국쑥부쟁이 '프린스', ○, 60~90cm, 9~10월

Symphyotrichum 'Little Carlow', 미국쑥부쟁이 '리틀 칼로', ○, 60~90cm, 8~10월

Symphyotrichum pilosum, 미국쑥부쟁이, ○, 60~120cm, 9~10월

Teucrium japonicum, 개곽향, ○, 30~60cm, 6~8월

Thalictrum kemense, 큰꿩의다리, ○ ◐, 60~90cm, 6~8월

Thalictrum minus var. *hypoleucum*, 좀꿩의다리, ○ ◐, 30~60cm, 6~8월

Thalictrum rochebrunianum, 금꿩의다리, ○ ◐, 90~120cm, 6~8월

Thermopsis chinensis, 중국갯활량나물, ○, 60~90cm, 4월

Tiarella 'Spring Symphony', 티아렐라 '스프링 심포니', ◐, 15~30cm, 4~6월

Tiarella wherryi, 티아렐라, ◐, 15~30cm, 4~6월

Tricyrtis hirta, 털뻐꾹나리, ◐ ●, 60~90cm, 8~10월

Veratrum nigrum, 참여로, ◐, 60~120cm, 6~8월

Veratrum oxysepalum, 박새, ◐, 60~120cm, 7~8월

Verbena officinalis, 버들마편초, ○, 30~60cm, 6~10월
Vernonia noveboracensis, 베르노니아, ○, 120~180cm, 7~10월
Veronica longifolia, 긴산꼬리풀, ○, 60~90cm, 6~8월
Veronica longifolia 'Alba', 긴산꼬리풀 '알바', ○, 60~90cm 6~8월
Veronica spicata 'Pink Damask', 꼬리풀 '핑크 다마스크', ○, 30~45cm, 6~8월
Veronicastrum virginicum 'Fascination', 버지니아냉초 '패시네이션', ○, 90~120cm, 7~9월
Vinca minor f. *alba*, 흰꽃빈카, ◐, 10~15cm, 4~5월
Viola albida var. *chaerophylloides*, 남산제비꽃, ◐, 10~15cm, 4~5월
Viola sororia, 제비꽃 소로리아, ◐, 10~15cm, 4~5월
Viola sororia 'Freckles', 제비꽃 소로리아 '프레클스', ◐, 10~15cm, 4~5월
Viola variegata, 알록제비꽃, ◐, 10~15cm, 4~5월

새풀 그리고 새풀을 닮은 식물, Grasses and Grass-like plants

Agrostis clavate, 산겨이삭, ○, 20~60cm, 4~7월
Andropogon gerardii 'Red October', 안드로포곤 '레드 옥토버', ○, 150~180cm, 8~10월
Arundinella hirta, 새, ○, 150~180cm, 7~10월
Briza media, 방울새풀, ○, 30~60cm, 6~8월
Calamagrostis × *acutiflora* 'Karl Foerster', 바늘새풀 '칼 푀르스터', ○, 120~150cm, 5~6월
Calamagrostis arundinacea, 실새풀, ○, 120~180cm, 8~10월

Carex dickinsii, 도깨비사초, ○, 60~75cm, 5~6월
Carex humilis var. *nana*, 가는잎그늘사초, ◐, 20~30cm, 4~5월
Carex oshimensis 'Everlime', 일본사초 '에버라임', ◐, 30~45cm, 4~5월
Carex phacota, 비늘사초, ○, 60~75cm, 5~6월
Chasmanthium latifolium, 낚시귀리, ○, 90~120cm, 6~7월
Deschampsia cespitosa, 좀새풀, ○ ◐, 60~120cm, 6~8월
Diarrhena fauriei, 광릉용수염, ◐, 30~60cm, 7~9월
Eragrostis curvula, 능수참새그령, ○, 60~90cm, 7~9월
Eragrostis ferruginea, 그령, ○, 60~120cm, 5~8월
Hakonechloa macra 'Aureola', 풍지초 '아우레올라', ◐, 30~60cm, 7~8월
Melica grandiflora, 청쌀새, ◐, 30~60cm, 4~6월
Muhlenbergia capillaris, 핑크뮬리, ○, 60~90cm, 8~10월
Nassella tenuissima, 털수염풀, ○, 60~90cm, 6~8월
Panicum virgatum, 큰개기장, ○, 90~180cm, 7~9월
Panicum virgatum 'Cloud Nine', 큰개기장 '클라우드 나인', ○, 150~210cm, 7~9월
Panicum virgatum 'Northwind', 큰개기장 '노스윈드', ○, 150~180cm, 7~9월
Panicum virgatum 'Shenandoah', 큰개기장 '쉐넌도어', ○, 90~120cm, 7~9월
Sesleria 'Greenlee Hybrid', 세슬레리아 '그리니 하이브리드', ○, 20~30cm, 5~6월
Sorghum nitidum, 수수새, ○, 120~200cm, 7~9월
Spodiopogon cotulifer, 기름새, ○, 120~150cm, 7~9월
Sporobolus fertilis, 쥐꼬리새풀, ○, 60~100cm, 6~10월

구근식물, Bulbs

Allium microdictyon, 산마늘, ○ ◐, 20~30cm, 5~7월
Allium atropurpureum, 알리움 아트로퍼퓨레움, ○, 60cm, 5월
Allium cristophii, 알리움 크리스토피, ○, 60cm, 5월
Allium nigrum, 알리움 니그룸, ○, 60cm, 5월
Allium tuberosum, 부추, ○, 30~60cm, 7~9월
Anemone koraiensis, 홀아비바람꽃, ○ ◐, 10~30cm, 4~6월
Anemone nemorosa, 아네모네 네모로사, ◐, 10~30cm, 3~5월
Anemone raddeana, 꿩의바람꽃, ○ ◐, 10~30cm, 3~5월
Arisaema heterophyllum, 두루미천남성, ○ ◐, 50~80cm, 5~6월
Arisaema takesimense, 섬남성, ○ ◐, 30cm, 4~5월
Arum italicum, 아룸, ◐, 30~60cm, 4~6월
Camassia leichtlinii 'Alba', 카마시아 '알바', ○ ◐, 60~90cm, 4~6월
Camassia leichtlinii subsp. *suksdorfii*, 카마시아, ○ ◐, 60~90cm, 4~6월
Colchicum autumnale, 콜치쿰, ◐, 10~30cm, 9~10월
Crocosmia × *crocosmiiflora*, 크로코스미아, ○, 60~90cm, 7~9월
Cyclamen hederifolium, 시클라멘 헤데리폴리움, ◐, 10~20cm, 9~11월
Eranthis hyemalis, 겨울바람꽃, ◐, 10~20cm, 2~4월
Eranthis stellate, 너도바람꽃, ◐, 10~20cm, 2~4월
Ficaria verna 'Flore Pleno', 피카리아 '플로레 플레노', ○ ◐, 10~20cm, 3~5월

Fritillaria thunbergii, 중국패모, ○ ◐, 30~60cm, 4~5월
Galanthus elwesii, 큰설강화, ○ ◐, 10~20cm, 3~4월
Galanthus nivalis, 설강화, ○ ◐, 10~20cm, 3~4월
Galanthus nivalis 'Flore Pleno', 설강화 '플로레 플레노', ○ ◐, 10~20cm, 3~4월
Leucojum aestivum, 은방울수선화, ○ ◐, 30~60cm, 4~5월
Lycoris × *chejuensis*, 제주상사화, ○ ◐, 30~60cm, 7~9월
Lycoris radiata, 석산, ○ ◐, 30~60cm, 7~9월
Mertensia virginica, 버지니아갯지치, ○ ◐, 30~60cm, 4~6월
Narcissus 'Geranium', 수선화 '제라늄', ○ ◐, 30~45cm, 4~5월
Narcissus 'Ice Follies', 수선화 '아이스 폴리스', ○ ◐, 30~45cm, 4~5월
Narcissus 'Ice King', 수선화 '아이스 킹', ○ ◐, 30~45cm, 4~5월
Narcissus jonquilla, 골풀수선화, ○ ◐, 30~45cm, 4~5월
Narcissus 'Pipit', 수선화 '피핏', ○ ◐, 30~45cm, 4~5월
Narcissus 'Starlight Sensation', 수선화 '스타라이트 센세이션', ○ ◐, 30~45cm, 4~5월
Narcissus 'Tahiti', 수선화 '타히티', ○ ◐, 30~45cm, 4~5월
Narcissus 'Tete a Tete', 수선화 '테이트 어 테이트', ○ ◐, 15~25cm, 3~4월
Narcissus 'Thalia', 수선화 '탈리아', ○ ◐, 30~45cm, 4~5월
Narcissus 'Woodland Star', 수선화 '우드랜드 스타', ○ ◐, 30~45cm, 4~5월
Scilla bifolia, 실라 비폴리아, ○ ◐, 10~20cm, 3~4월

양치식물, Ferns

Adiantum pedatum, 공작고사리, ◐, 30~60cm
Asplenium komarovii, 골고사리, ◐, 20~30cm
Dennstaedtia wilfordii, 황고사리, ◐, 15~30cm
Dryopteris bissetiana, 산족제비고사리, ◐, 30~70cm
Dryopteris erythrosora, 홍지네고사리, ◐, 60~120cm
Dryopteris uniformis, 곰비늘고사리, ◐, 50~80cm
Matteuccia struthiopteris, 청나래고사리, ◐, 30~100cm
Onoclea interrupta, 야산고비, ○ ◐, 30~60cm
Polystichum tripteron, 십자고사리, ◐, 30~70cm

나무, Tree

Acer palmatum, 단풍나무
Hydrangea arborescens 'Annabelle', 미국수국 '애너벨'
Hydrangea macrophylla 'Mariesii Perfecta', 수국 '마리에시퍼펙타'
Kalopanax septemlobus, 음나무
Lagerstroemia indica, 배롱나무
Prunus mume, 매실나무
Ribes fasciculatum var. chinense, 까마귀밥나무
Salix koriyanagi, 키버들

이것도 기르는 거예요
할머니 텃밭에서 가꾼 소박한 자연정원

글	오동수
사진	오동수, 조혜빈
교정교열	배서은
디자인	도토리워크
편집	엄유주
펴낸 날	2023년 8월 15일
펴낸 곳	열매문고
출판등록	2020년 2월 5일
	제446-2020-000003
주소	충북 괴산군 칠성면 둔율길
이메일	myrecordbooks@naver.com
인스타그램	@myrecordbooks

© 2023 오동수

ISBN 979-11-970674-7-1 (03480)

이 책의 판권은 지은이와 열매문고에 있습니다.
저작권법에 의해 보호를 받는 저작물이므로 무단 전재와 무단 복제를 금합니다.
잘못된 책은 바꾸어 드립니다.